공황장애 극복 설명서

공황장애 극복 설명서

나의 삶을 바꾼 공황과 공포

최영희 저

학지사

필자가 『나의 삶을 바꾼 공황과 공포』를 저술한 지 11년이 지났다. 지난 20여 년간 수천 명의 공황장애 환자를 치료해 왔고, 그들 대부분은 지금 약을 끊고 삶을 즐기며 살아가고 있다. 그런데 인터넷에는 아직도 공황장애가 불치의 정신병인 것처럼 떠들어 대는 환자들의 절망적 하소연과 검증되지 않은 치료법들이 나돌고 있다.

1996년에 미국에서 연수를 마치고 돌아와서 인제의대 서울백병원 정신건강의학과에서 공황장애 환자들을 치료한 지 22년이 지나가는 지금, 세상은 많이 달라졌지만 아직도 공황장애 환자에게 평생 약을 먹으며 살아가야 하는 것처럼 이야기하는 의사들이 대부분이다. 하지만 이는 공황장애를 잘 모르고 하는 소리다. 공황장애는 삶의 균형이 깨어졌음을 우리에게 알려 주는 경고 신호라고 해석하면 된다. 그래서 치료는 무엇이 삶의 균형을 깨어지게 만들었는지를 파악하고 다시 균형을 맞추어 주는 작업을 하는 것이다.

삶의 균형을 잡아 주는 방법에는 무엇이 있는가?

이 책에는 그 방법들이 필자의 경험과 함께 살아 있다. 공황장애를 극복하는 방법은 스트레스를 다루는 방법, 생각을 다루어서 기분을 조절하는 방법, 이완하는 방법, 성격의 근간인 스키마를 다루고 벗어나는 방법, 대인관계를 다루는 방법, 명상하는 방법 등의 복합적인 요소가 총동원되기에 한마디로 지혜로워지는 방법이라 할 수 있다. 오늘날 진화된 메타 통합심리치유는 이런 요소들이 총망라되어 있는 정신치료법이다.

이 책의 제목을 『공황장애 극복 설명서-나의 삶을 바꾼 공황과 공포』라고 붙인 이유가 있다. 공황과 공포를 제대로 이해하고 대처하는 방법을 배워 극복할 수 있는지의 여부에 따라 공황과 공포는 한 사람의 삶을 지독하게 황폐화시킬 수도 있고, 반대로 발병되기 전보다 훨씬 업그레이드된 삶의 질을 누리며 살아갈 수도 있음을 나타내는 이중의 의미를 내포하고 있기 때문이다.

이 책이 완성되기까지 도움을 주신 분들이 있다. 누구보다도 환자분들이 가장 큰 도움을 주셨다. 12세 아이부터 75세 노인까지 남녀노소를 불문하고 수천 명의 공황장애 환자들이 공황장애의 정체를 알려 주었고, 어떻게 공황을 극복하고 조절력을 키우며 자신을 변화시켜 나아가야 할지를 알려 주었다. 일일이 열거하지는 못하지만 많은 환자가 자조모임을 통하여 헌신적으로 활동을 했다. 그분들에게 빚을 갚는 심정으로 이 책에 공황장애 극복의 노하우를 다 실어 놓으려 노력했다.

하지만 글로는 미처 다 표현하지 못하는 것이 정신치료의 과정이다. 그것은 치료자와 환자의 신뢰 관계를 토대로 이루어지는 일종의 예술과도 같은 경지다.

필자의 딸 최아란이 이 책을 쓰는 데 필요한 자료를 구하고 정리해 주고 번역을 도와주었다. 꼼꼼이 교정을 도와준 나의 아내 조성윤과 메타 연구원 한미리 박사에게도 감사드린다. 이 책이 출간될 수 있도록 도움을 주신 학지사 김진환 사장님과 편집부 직원들께도 감사드린다.

공황장애와 광장공포증으로 고통받고 있는 수많은 환자분과 그들의 가족에게 이 책이 희망을 주고 치유의 길로 인도할 수 있기를 바란다.

2019년
메타 통합심리치유 연구소장
정신과 전문의, 의학박사 최영희

CHAPTER *01*

공황이란
무엇인가

공황이란

공황(恐荒)이란 용어는 영어로 panic이라고 한다. 이 단어는 그리스 신화의 팬(Pan)이라는 신의 이름에서 유래되었다고 한다. 그리스 신화에 따르면, 팬은 요괴처럼 갈라진 발에 왜소한 외모를 가진 외롭고 우울한 신이었다고 전해진다. 그런 그가 익살스런 유머 감각이 있어 장난을 많이 쳤는데, 동굴 안에 숨어 있다가 사람들이 그 앞을 지나가면 날카롭고 소름 끼치는 소리를 질러대며 불쑥 나타나서 그들을 아연질색하게 만들곤 했다. 이런 장난을 당한 사람들이 경험한 급성 공포감이 바로 오늘날의 패닉(panic)이란 말로 표현된 것이다. 공황은 갑자기 발병해서 몇 분이면 정점에 달하는 일종의 급격한 공포감으로 정의되어 있다. 일반적으로 근원을 찾지 못하는 신체적 불쾌한 느낌과 "나에게 뭔가 무서운 일이 일어나고 있어." 혹은 "나는 아주 큰 위험에 처해 있어." 등의 말로 표현되는 절박한 공포감을 수반한다.

불안과 공황이 어떻게 다른지 궁금해 하는 환자들이 많다. 불안은 위험에 대한 감정 반응이다. 즉, 우리가 위험에 노출된다든지 위험을 예견하면 나를 보호하기 위한 방어 기전의 하나로 일어나는 감정이 불안이다. 따라서 불안은 정상적 반응으로 인간에게 꼭 필요한 감정 반응이다. 연구자들에 따라서 불안이 극도로 높아진 상태를 공

공황이란

황으로 설명하기도 하고, 공황과 불안은 기전이 다른 감정 상태라고 설명하기도 해서 이견이 많다.

이산화탄소(CO_2) 가스를 흡입시키는 실험을 하면 공황장애를 가진 환자들은 정상인들에 비해서 공황이 유발되기 쉽다. 이산화탄소 이외에도 공황을 유발시키는 물질이 많이 발견되었다. 젖산이나 요힘빈이라는 물질도 공황을 일으킬 수 있고, 우리가 흔히 접할 수 있는 술, 담배, 커피 속에 들어 있는 알코올, 니코틴, 카페인 등은 공황을 유발시키는 역할을 한다.

어떤 공포감은 전혀 예상하지 못해서 그것이 어디에서 오는지 모르는 경우도 있다. 그러나 어떤 특정한 상황이나 장소에서만 경험하게 되는 공포감은 흔히 예측이 가능해서 환자들은 그런 상황이나 장소를 회피할 수 있다.

다음의 사례들은 공포감의 예상 가능 여부와 관계없이 공황이 얼마나 고통스러운 경험인지를 보여준다.

20대 후반의 네 살짜리 아이 엄마인 여성이 팔 근육에 이상이 있어 병원의 재활 의학과에 물리 치료를 받으러 다니고 있었다. 치료를 시작한 지 며칠이 지난 어느 날 병원을 나오던 중 갑자기 가슴이 쿵쿵 뛰면서 얼굴이 화끈거리고 온 몸에 찌릿찌릿한 느낌이 오면서 어지러웠다. 그날 의사 선생님에 따르면 물리 치료실에서 마취제인 lidocaine 2cc를 솜에 묻혀 전기요법으로 치료하였다고 했다. 1년 전 치과에서 치료받고 오다 쓰러질 때와 비슷한 증상이었다. 더 이상 걸어갈 수가 없어서 물리 치료실 의사 선생님한테 사정을 말씀드렸더니 빈자리에 누워 편안히 호흡을 하라고 말씀하셨다. 약 40여 분이 지나 의사 선생님께서 증상을 물었을 때 괜찮은 듯하여 병원 밖으로 나왔다. 그러나 마음이 편치 않고 견디기 어려워 다시 가서 의사 선생님의 허락을 받고 30분 정도 쉰 후 이웃집 아주머니한테 전화로 마중을 부탁하고 밖으로 나왔다.

병원 밖을 나오자마자 기다렸다는 듯이 또 가슴이 쿵쿵 뛰고, 얼굴이 화끈거리고, 속이 메슥거리고, 어지러워 곧 쓰러질 것 같았다. 또다시 병원으로 들어갔다. 그때 마침 예전에 같은 아파트에 살던 아줌마를 우연히 만나서 반가운 마음에 "나 죽겠어요. 나 좀 응급실로 데려다 주세요."라고 부탁하고 더 이상 걸을 수도 없어서 처방 약을 주는 대기실 의자에 누워버렸다. 가슴이 더 두근거렸다. 응급실로 급히 갔다. 그곳에는 빈 침대가 없었다. 가슴은 더욱 두근거리고 숨이 막혀 참을 수가 없었다. 빨리 의사 선생님을 불러 달라고 했으나 오지는 않고 기다리라고만 했다. 그런 중에도 머릿속에는 별 생각이 다 떠올랐다. '죽음이라는 것이 이런 것이구나. 내가 죽으면 아이들은 어떻게 하나. 아직은 할 일이 많은데…' 한참 후에야 간호사가 와서 다른 침대로 옮겨 주었다. 그러나 여전히 숨이 막히고, 가슴이 두근거리고 오한이 들면서 손과 발이 차가웠다. 간호사는 담요를 덮어주고는 기다리라고만 되풀이했다. 기다리는 동안에도 온 몸에 찌릿찌릿한 느낌이 1초에 한 번씩 왔다. 그러나 시간이 지날수록 그 느낌이 점점 느려져 2초, 3초… 5분에 한 번씩 오는 듯했다. 그런 느낌이 올 때마다 불안한 마음은 여전했지만 처음 보다는 많이 좋아진 듯했다.

시간이 지나면서 어느 정도 진정된 후에야 의사가 몇 가지 증상에 대한 문진과 함께 혈압, 빈혈, 심전도 등을 검사한 후 현재로는 별 이상이 없고 빈혈도 쓰러질 정도는 아니라고 했다(철 결핍성 빈혈 증세가 있었음). 의사의 소견으로는 물리 치료실에서 받은 약물(lidocaine) 반응 때문으로 의심이 간다고 하였다. 그러면서 안정이 되면 집으로 가도 좋다고 했다. 오후 5시 반까지 응급실에 누워있다 집으로 왔다.

그 후 수일간, 식사도 제대로 못하고 반복되는 증상에 시달렸다. 아주 증세가 심할 때는 이웃집 아주머니의 수지침 요법으로 좀 나아지는 듯했으나 근본적인 증세는 여전히 반복되었다. 병명을 제대로 몰라 인근 내과 의원에서 진료를 받았더니 큰 병이 아니니 걱정하지 않아도 된다면서 며칠 분의 약과 함께 빈혈 치료에 도움이 되는 음식을 알려 주셨다. 좀 괜찮아지는 듯했으나 마음속에는 여전히 병에 대한 두려움이 사라지지 않았다. 그러던 중 이웃 친지의 소개로 찾아간 신경정신과에서 공황장애라는 진단을 받았다.

사례 2

회사원이던 30대 초반의 한 남성이 휴가를 내어 밤낚시를 가게 되었다. 평소 스트레스가 쌓이면 주로 음주와 흡연으로 풀어왔던 그는 모처럼 마음먹고 밤낚시를 3일간 했다. 집으로 돌아가는 당일 아침, 여느 때와 마찬가지로 해장을 하려고 사발면에 밥을 말아 먹은 뒤 차를 타고 아내와 함께 집으로 향하던 중이었다. 속이 메스껍고 토할 것 같은 느낌이 들어 차를 세우고 구토를 했다. 그리고 집에 도착해서도 다시 토했다. 상당히 곤혹스럽고 배가 너무 아팠다. 사발면 먹은 것이 체한 것이려니 생각하고 그냥 하루를 보냈다. 다음날도 계속 메스꺼운 증상이 있어서 바람을 쐬려고 점심 식사를 겸해서 갈비를 먹고 나와서 운전을 하는데 차들이 꽉 밀려 있었다. 천천히 가던 중 별안간 속이 상당히 메스꺼웠다. 그래서 차를 옆으로 세우고 토하려 했으나 뜻대로 되지 않았다. 순간 한숨을 깊이 들이쉬고 담배를 깊숙이 들이마셨다. 그리고 차를 타고 다시 천천히 움직이자 또 한 번 속이 메스꺼우면서 한 순간에 숨이 꽉 막혔다. 호흡을 해도 숨이 안 쉬어지는 호흡곤란이 찾아와 헉! 헉! 거리면서 뒤로 드러눕고 말았다. 길 옆에 외과병원이 보이자 아내에게 몸을 기대고 차에서 나와 병원으로 갔다. 그 순간 "아! 이게 죽는거구나." 하는 생각이 태어나서 처음으로 들었다. 그리고는 순간적으로 머리가 멍해지고 어지러움과 함께 정신없이 헉! 헉! 소리쳤다. 호흡곤란에 공포감까지 몰아쳤다.

그 후 외과병원에서 약을 먹고 20분 정도 누워 있으니까 괜찮아 지는 듯했다. 알레르기 증세인 것 같다는 말에 그럴 수도 있다고 생각하고 조금 더 쉬었다가 차를 몰고 오는데 10분을 운전하니, 다시 똑같은 증세가 나타났다. 안되겠다 싶어 택시를 잡아타고 의정부의 조그만 종합병원 응급실로 갔다. 거기에서 검사를 하고 하루 동안 입원을 했다. 별 이상이 없다고 해서 퇴원을 하고 세워 둔 차를 가지러 가서 운전하려 했으나 숨이 답답해지고 호흡곤란 증세가 다시 생겨 그대로 차를 세워두고 서울로 택시를 타고 왔다.

집에서 푹 쉬면 괜찮은 듯했으나, 밤이 되면서 또 증세가 나타났다. ××병원 응급실로 갔으나 별 이상은 없는 것 같다고 해서 그냥 집으로 와서 일주일을 쉬면서 보냈다. 그러던 중 회복이 되는 듯하여 직장에 나갔다. 그러나 계속 속이 체한 것 같고 뒷머리가 멍하고, 메스꺼움과 숨이 답답한 증세가 지속되고 힘이 떨어져서 영양제 주사를 일주일에 두 번 정도 맞았다.

그리고 ×× 병원 응급실도 가 보았으나 역시 마찬가지였고, ○○ 병원 가정 의학과에 다니면서 내시경에 위염 증세가 있다고 해서 두 달 동안 치료를 받았다. 그런데 너무 힘들고 체중이 10㎏이나 줄고 회사도 못 나가고 있는 중에 불면증에 시달리게 되었다. ○○ 병원 응급실에 와서 또 검사를 받고 이상이 없다는 결과를 들었지만 가족들은 정신과 진료를 요청하였고, 정신과 의사에게 공황장애라는 진단을 받고 입원해 약을 먹으면서 상당히 편해졌다.

사례 3

시시때때로 걱정이 많은 한 회계원은 어느 날 침을 삼키려다 갑자기 기도로 침이 넘어가서 캑캑거리며 숨이 답답해서 고생을 했다. 그녀는 자신이 숨이 막혀 죽을 뻔 했다는 사실에 너무 겁에 질렸고 그런 기분은 시간이 지나가면서도 계속 되었다. 그 후로 숨이 막혀 죽는 것에 대한 두려움 때문에 음식을 먹는 것도 두려워져서 가늘고 씹기 좋은 부드러운 음식으로만 식사를 했다. 그렇다 할지라도 어떤 음식이 수월하게 넘어가지 않았다고 생각되면 기겁을 하게 되었다. 그녀는 항상 목에 뭐가 걸린 것 같은 느낌이 들어 이비인후과에 가서 검사도 해보았지만 아무런 이상도 발견할 수 없었다. 그녀는 언제든 기도가 막힐 수도 있다는 두려움을 가지고 살아갔다. 그러다가 자주 찾아간 이비인후과 의사의 권유에 따라서 정신과를 방문하여 공황장애 진단을 받게 되었다.

철인 3종 경기를 할 정도로 신체적으로 건강하고 운동을 즐기는 32세의 남성이 체육관에서 운동을 하다가 첫 공황을 경험했다. 평소대로 하던 운동 프로그램을 하다가 빨라진 심장박동 때문에 갑자기 극심한 걱정을 하기 시작했다. 그는 그것이 치명적인 심장마비의 신호인 것처럼 느껴졌으며, 순간 당황한 마음에 숨을 헐떡거리며, 친구에게 구급차를 불러달라고 요청하였다.

그는 인근 병원에 급히 수송되는 동안, 병원에 도착하기 전에 죽어 버릴지도 모른다는 생각을 했다. 병원에 도착하자마자 그는 검사실로 옮겨졌지만, 심장박동 불규칙에 관한 증거도 없었을 뿐더러 어떠한 문제도 발견되지 않았다. 그는 신체적으로 아무런 이상이 없다는 것을 확인받고 병원에서 몇 시간의 휴식을 취하다 집으로 돌아왔다. 2주 후에 그는 조깅을 하다 예상치 못한 또 다른 공황을 겪었다. 그는 다른 병원의 응급실로 가서 건강에 이상이 없는지 확인을 받아야 했다. 마침 환자를 의뢰받은 정신과 당직의사에게서 공황장애를 진단받았다. 그리고 정신과 치료를 처방받았다.

스튜어디스로 일하다가 결혼으로 직장을 그만 둔 26세의 여성은 자신의 남편을 마중하러 인천 공항으로 차를 몰고 가다가 문득 영종대교를 건너며 다리가 무척 크고 길다는 생각을 하며 창밖의 바다를 바라보다가 이상한 공포가 엄습하는 것을 경험했다. 운전대를 잡은 손이 떨리고 다리가 후들거리면서 힘이 빠지는 것 같아 공항까지 겨우 운전을 해서 갔다.

남편에게 자신은 운전을 못하겠으니 당신이 하라고 하면서 다리를 다시 지나가는데 여전히 두려움이 일어 눈을 감고 창밖을 볼 수가 없었다. 이전에는 운전을 하는 데 있어 전혀 두려움이 없었고 심지어 운전을 즐기기까지 했던 이 여성은 이런 경험을 한 후부터 운전을 하면 낯선 길은 가고 싶지 않아졌고, 특히 고가 도로는 무서워서 올라갈 생각을 할 수가 없었다. 더구나 스튜어디스로 일한 자신이 비행기 타는 것을 두려워하게 되리라고는 꿈에도 상상할 수 없었다.

공황장애를 진단 내릴 때 현재 널리 사용되고 있는 진단 및 질병 분류 체계는 미국 정신의학회에서 발간한 『정신질환의 진단 및 통계 편람(DSM-5)』이라고 하는 책자를 기준으로 한다. 이 책자에서는 우선 공황이라는 증상에 대한 정의를 먼저 내리고, 증상으로서의 공황과 질병으로서의 공황장애를 구분하고, 공황장애의 진단 범주를 정의하고 있다.

공황이란?

1. 맥박이 빠르게 뛰고 심장박동이 빠르다.

2. 손발에 떨림이 있다.

3. 질식감이 든다.

4. 속이 거북하거나 구토감이 있다.

5. 오한이나 화끈한 느낌이 있다.

6. 손발이 저리거나 마비되는 느낌이 있다.

7. 땀이 많다.

8. 호흡이 가쁘다.

9. 가슴에 통증이 있다.

10. 어지러움증이 있다.

11. 자신이 변한 것 같다.

12. 자제력을 잃을 것 같거나, 미칠 것 같은 두려움이 있다.

13. 죽을 것 같은 공포가 있다.

만약, 이와 같은 항목에서 4개 이상(12번과 13번의 심리증상 중에서 1개 이상이 꼭 포함되어야 함)의 증상들을 경험했다면, 공황을 경험한 것이다.

1~11번까지는 신체 증상을 나열하고 있는데, 이들을 네 가지 증상군(심혈관계 증상, 호흡계 증상, 소화계 증상, 신경계 증상)으로 나누어 볼 수 있다. 하지만 여기에 열거된 공황 증상은 통계적으로 가장 많이 나타나는 증상을 나열한 것일 뿐, 환자들이 말로는 표현하기 어려운 미묘한 증상들도 많다. 가장 중요한 것은 신체 증상이 아무리 많아도 12, 13번의 심리적 증상 중에 하나는 있어야 공황으로 정의한다.

공황은 어떤 사람이 곧 죽을 것 같다거나, 통제력을 잃을 것 같다거나, 또는 미쳐 버리거나 의식을 잃는 것처럼, 정말 큰 재앙이 일어날 것 같다고 생각할 때에 느끼는 극도의 공포감이다. 평균 지속 시간은 10분 내지 20분 정도이지만, 겪는 사람에겐 마치 평생처럼 느껴질 수도 있다. 공황의 경험 중에는 흔히 "자신이 곧 죽을 것 같다." 혹은 "미칠 것 같고, 자제력을 잃고 이상한 행동을 할 것 같다."는 생각이 들기 때문에 극도로 공포를 느낀다고 설명하면 대부분의 공황장애 환자들은 충분히 공감을 한다. 더구나 공황을 겪는 동안에는 그 두려움이 워낙 압도적이기 때문에 원인을 밝혀내려는 논리적인 추론 능력도 사라지는 것처럼 보인다.

대부분의 환자들은 "정신이 나가고 머리가 텅 빈 상태가 돼요." "아무도 도와주지 못할 것 같아요." "똑바로 생각을 못하겠어요."라고 말하면서, 이런 생각과 반대되는 증거들은 떠올리지도 못하고, 누가 그런 사실을 알려주어도 쉽게 안심하지 못한다. 예를 들어, 어떤 환자가 가슴이 조이거나 통증이 오면, 과거에 정기 검진을 통하여 자신의 심장순환계가 완전히 정상이라는 확진을 받았음에도 불구하고 이를 치명적인 심장마비의 신호로 해석하는 것이다. 건강에 아무런 이상이 없다는 검진 소견을 받았지만, 공황을 겪는 중에는 자신의 심장이 멎어가고 있다는 생각을 하게 된다고 환자들은 흔히 말한다. 공황을 겪는 동안 머릿속에 가장 많이 떠오르는 생각들을 필라델피아 템플 대학교의 챔블레스(Diane Chambless) 박사 등이 정리하였다. 이를 빈도순으로 정리하면 다음과 같다.

난 내 자신을 통제할 수 없을 거야.

난 바보처럼 행동하게 될거야.

난 죽게 될거야.

난 미치고 말거야.

난 쓰러지고 말거야.

난 두려움에 의해 무력하게 되겠지.

나에게 심장마비가 올거야.

난 소리를 지를거야.

난 허튼 소리를 하거나 우스꽝스럽게 말할거야.

나에게 발작이 올거야.

나는 토하게 될 거야.

많은 신체 감각이 공황과 연결되어 있다. 공황을 겪는 중에 경험하는 가장 흔하고 격렬한 신체 감각은 다음 면에 정리되어 있다. 이 중 가장 흔한 다섯 가지가 빠른 심장박동, 땀 나는 것, 어지러움, 숨 가쁨, 떨리는 것이고, 가장 격렬하게 겪는 증상은 빠른 심장박동, 떨리는 것, 숨 가쁨이었다. 어떤 환자는 심장박동이 너무 심해서 자신의 심장이 갈비뼈 밖으로 나오는 줄 알았다고 말하거나 말발굽 달리는 소리가 들린다고 했다.

공황을 한 차례 겪을 때, 심장박동 수가 1분에 25박동이 늘어날 수 있다고 한다. 공황을 겪을 때 심장박동 수가 20회 이상 증가하는 것은 흔한 일이다. 물론 약간 증가하거나, 아예 증가하지 않는 경우도 있다.

대체로 환자는 공황이 격렬해질수록 다음 표에서 나열한 신체 증상에 더 시달린다. 최악의 상황에선 고통스러운 감각들이 늘어남에 따라, 즉 통제력을 잃어간다는 위협이 강화됨에 따라, 환자는 위험한 상황에 몰렸다고 생각할 수도 있다. 이런 감각들은 진정한 근원을 찾는 이성적이고 차분한 생각을 방해한다. 이런 증상과 두려움에 시달리면서 환자는 30분 이상 또는 몇 시간까지 떨거나, 힘이 빠지고, 걱정을 하게 된다. 결국 이런 공황 후에도 다시 공황이 올까라는 예기 불안을 가지게 된다.

공황을 겪는 동안, 대부분 사람은 갇혔다는 생각, 저항할 수 없다는 생각, 탈출해야 한다는 생각을 갖게 된다. 도망쳐야만 한다는 이 생각은 건물 밖으로 정신없이 뛰쳐나오거나, 차를 너무나 빠르고 무모하게 운전하는 등의 위험한 행동으로 이어질 수 있다. 하지만 이런 위험한 행동을 하더라도 실제로 위험한 결과로 이어지는 경우는 드물다.

공황을 겪는 중 흔히 나타나는 신체적 증상	
빠른 심장박동	몸이 후끈하거나 오싹한 것(추움)
어지러움	흉통
땀이 나는 것	기절
숨 가쁨	목이 막힘
떨림	무감각

공황을 수차례 경험한 한 환자는 걱정이 너무 많아져서 이른 아침이나 늦은 밤에만 아주 천천히 운전을 하기도 한다. 언제 어디서든 공황의 낌새가 감지되면, 뒤에 있는 수많은 차들을 아랑곳하지 않고 멈출 수밖에 없다. 공황에 별 다른 변화가 없을 것인데도 불구하고, 환자들은 그들이 피해야 할 장소와 상황을 점차 늘려가고, 심한 경우에는 마치 몸이 매우 불편한 사람처럼 집 밖을 나오지 않게 된다. 몸이 건강한데도 집 밖으로 나오려 하지 않는 행동은 가족과 친구들에게 여러 오해를 불러일으킨다.

 그러나 공황을 경험했다고 해서 모두 공황장애로 진단받는 것은 아니다. 공황장애는, ① 앞서 열거한 예기치 않은 공황이 반복되고, 이후에 또 다른 증상이 올 것에 대하여 지속적으로 근심하거나(예기불안의 존재가 공황장애를 진단하는 데 특히 중요하다), ② 공황 또는 그 결과(예를 들면, 자제력 상실, 심장마비, 미칠 것 같은 공포 등)에 대해 걱정하거나, ③ 공황에 의한 심각한 행동변화(출근이나 외출을 하지 못하는 등)의 세 가지 중 한 가지 이상이 적어도 한 달 이상 지속되어야 진단 내릴 수 있다.

 여기서 중요한 것은 단순한 공황과 공황장애와의 구별이다. 심각한 교통사고를 경험하거나 무서운 개의 공격을 받는 등의 예상치 못한 위협이나 놀라운 소식 등으로 공황이 발생할 수도 있다. 이런 경우에 공황은 사람을 매우 당황스럽게 만들지만, 일반적으로 사람들은 이를 당연하게 받아들이고 이후에 다시 공황이 올까 두려워하지는 않는다. 즉, 대부분의 사람은 공황을 정신적 또는 신체적인 이상신호가 아닌 정상적 반응으로 해석하여 잊어버리고 살아간다는 점

공황이란

이 공황장애 환자들과 구분되는 것이다.

처음 공황을 경험한 이후, 공황장애가 발생하는 과정 중에 병원에서 의학적 검사를 통하여 신체적으로 이상이 없음을 검증하거나 주변인들이 옆에서 안심을 시키는 것이 일시적인 안정과 진정을 되찾는 데 어느 정도 도움이 된다. 하지만 두 번째 이후의 공황이 일어나면 환자의 편도체에 저장된 공포의 기억이 활성화되면서 주변의 이러한 안심시킴은 그 효과가 매우 미비한 수준에 이르게 된다.

공황 환자는 예상치 못한 어떤 상황에서 공황이 다시 일어날 것에 대해 두려워하게 되는데, 이를 예기 불안이라고 한다. 예기 불안이 발생하면 본격적인 공황장애의 진단 범주를 만족하게 되고, 이후로는 불안과 근심이 많아지고 일상생활에 제약을 받는 경우가 늘어날 수 있다.

흔히 공황장애 환자들은 한 번 공황이 오면 얼마나 지속될까를 궁금해 한다. 공황장애 환자들에게 이산화탄소 가스를 흡입시켜 공황을 유발시킨 후에 지속 시간을 측정한 연구에 의하면, 공황은 평균 10분에서 20분 정도 지속된다. 하지만 환자들 중에는 공황이 한 시간 이상 지속된다고 보고하기도 하고 심지어 하루 종일 지속되었다고 호소하는 사람도 있다. 이는 한 번의 공황이 그렇게 오래 지속되기 때문이 아니라, 한번 생긴 공황이 가라앉을 즈음에 또 다른 위험한 해석이 자극을 주어 뒤이어 나타난 공황이 마치 파도를 타듯 계속해서 공황을 겪는 것처럼 느끼게 되는 것이다.

광장공포증이란

공황을 경험한 환자가 실제로는 위험하지 않은데도 공황의 두려움 때문에, 또는 공황이 일어났을 때 벗어나기 어렵거나 도움을 청할 수 없을 까봐 특정 상황이나 장소를 피하려고 하는 증상을 광장공포증(agoraphobia, 또는 임소공포증)이라고 한다.

공황을 경험하는 사람들은 흔히 시장이나 백화점과 같은 혼잡한 곳에 가는 것을 꺼린다. 또는 지하철이나 버스 등의 대중교통 수단을 이용하는 데 어려움을 겪고, 비행기 이동은 상당수의 공황장애 환자들이 기피하는 수단이다. 보통은 공황이 일어났을 때 그곳으로부터 재빨리 빠져나갈 수 없거나 도움을 청하기 어려운 장소나 상황은 회피하게 된다(예를 들면, 복잡하고 넓은 백화점과 같이 사람이 너무 많아서 공황이 일어났을 때 인파를 헤치고 나가 출구를 찾기가 어려운 장소에 간다거나 장거리 고속버스나 비행기처럼 빨리 내려서 도움을 청하기가 어려운 상황).

공황 경험자는 (공황이 왔을 때 옆에서 도움을 줄) 믿음직한 사람이 자신의 곁에 없는 경우 흔히 큰일이 일어날 것에 대한 두려움 때문에 집에 혼자 있는 것조차 두려워한다.

어떤 장소나 상황이 안전하지 못하다는 판단은 그런 장소나 상황에 대한 두려움을 일으키고 회피가 점점 더 심해지게 되는데, 이러한 증상은 결국 광장공포증을 수반한 공황장애로 확장된다.

과거 '광장공포증'이란 단어는 숨을 곳을 확보하지 못하고 넓은 장소에 노출되어 있는 것을 두려워하는 공포 증상을 일컫는 용어였으나, 오늘날에는 다양한 공포증을 모두 아우르는 용어로 사용하게 되었다. 즉, 광장공포증 속에는 폐쇄공포증, 고소공포증, 비행공포증, 단순공포증 등이 포함된다.

일반적으로는 쉽게 빠져나오기 어려운 공공장소에 가는 것을 두려워하거나, 혼자 집에 있을 때 위험한 일이 벌어질 것 같은 두려움을 갖기도 한다. 어떤 사람은 한두 가지 장소나 상황에 대해서만 두려움을 갖고, 믿을만한 사람과 동반하면 괜찮기도 한 반면, 증상이 심한 경우에는 혼자 집에 있어도 불안하고, 믿음직한 사람들이 다수 있어도, 병원에 있어도 두려워하는 사람이 있다. 심지어 집에서 샤워를 하거나 공중화장실을 사용할 때에 문을 잠그지 못하는 경우도 있다. 이런 극심한 경우에는 누군가가 꼭 옆에 있어야만 하고, 집에만 붙어있게 된다. 아무 곳도 혼자 갈 수 없고, 믿음직한 사람이 동행해도 특정한 시간이나 방법을 이용해서 짧은 거리만 이동할 수 있다. 영화 〈카피캣〉에서는 현관문을 열고 신문을 집어 오는 행동에서조차 공포에 떠는 장면이 나오기도 한다.

광장공포증을 가진 사람들이 두려워하는 장소나 상황은 정상적인 사람들은 물론 자신들도 이전에는 흔히 다니던 장소인 경우가 많다. 태어날 때부터 그런 증상들을 가진 것은 물론 아니다. 어느 날 갑자기 머릿속에 떠오른 어떤 불길한 생각이 이렇게 행동의 제약을 가하는 것이다.

이런 광장공포증은 생각으로 전염되는 특성이 있다. 공황장애의 인지행동치료 프로그램을 운영하면서 첫 시간에 광장공포증 환자들이 흔히 두려워하는 장소나 상황이라는 제목으로 슬라이드를 보여주는데, 거기에는 '줄지어 차례를 기다리기'라는 상황이 등장한다. 그런데 이를 본 환자들 중에는 다음 시간에 와서 "선생님, 저는 이 프로그램을 받으면서 없던 병이 생겼어요."라고 말하는 사람들이 있다. 왜냐 하고 물으니, "백화점에서 쇼핑을 하고 택시를 타려고 줄지어 서 있는데 갑자기 치료 시간에 배운 내용이 떠오르면서 '아! 줄지어 차례를 기다리다가 공황이 온다고 했지.'라는 생각을 하니까 가슴이 두근거리고 숨이 답답해지고 공황이 오는 것 같아 줄서기를 포기하고 남편에게 전화를 해서 나 좀 데리러 오라고 했어요."라고 말했다. 그러면서 전에는 그런 증상이 없었는데 수업을 받고 생겼다고 하는 것이다.

이런 현상은 왜 일어나는 것일까? 광장공포증이 전염되는 병이라서 생기는 현상일까? 그렇다면 무슨 감염인가? 오히려 이것은 광장공포증이 생각에 의해서 발생한다는 좋은 증거라 할 수 있다. 따라서 광장공포증은 생각이 바뀌면 해결되는 문제인 것이다.

저자가 광장공포증을 지닌 환자 전체를 대상으로 가장 피하는 장소 또는 상황 세 가지를 심한 정도의 순서로 보고하게 한 결과, 가장 많이 피하는 상황은 대중교통 수단이었다(26.2%). 그 다음은 폐쇄된 공간(13.8%), 쇼핑(8.7%)의 순서였다. 증상이 심한 광장공포군의 경우, 첫째는 대중교통 수단, 둘째는 멀리 여행하기, 셋째는 터널이나 교통 혼잡 시의 운전을 기피하였다. 증상이 약한 광장공황군의 경우 폐쇄된 공간을 가장 많이 피하며, 다음으로 대중교통 수단을, 마지막으로 백화점이나 슈퍼마켓, 시장 등 사람이 몰리는 곳을 두려워하고 있었다. 다음으로 많이 회피하는 항목을 소개한다(챔블레스 등).

비행기를 타는 것

집으로부터 멀리 떨어져 있는 것

지하와 터널

배나 보트를 타는 것

지하철, 버스, 기차 등의 대중교통을 이용하는 것

높은 곳

극장, 경기장, 공연장, 박물관

고속도로 주행

백화점, 슈퍼마켓

음식점, 밀폐된 공간

줄 서는 것

다리를 건너는 것

과거 문헌에 나타나 있는 공황

공황장애는 최근에 새롭게 나타난 질환이 아니다. 단지 새로운 것은 이것을 분리된 하나의 질환으로 보는 인식이다. 비록 1980년 초에 공황장애가 정신과의 공식 질환으로 분류되었지만, 오래 전부터 의학 문헌에서 묘사되고 인식되어 왔다. 예를 들어, 호프(Hope)라는 영국 의사는 1832년에 출판한 심장학에 관한 그의 저서에 '공황'이란 단어를 쓰지는 않았지만, 공황에 관한 내용을 그림처럼 명백하게 묘사하는 부분이 나온다. 19세기 중반 무렵부터는 심장병 전문의에게 찾아오는 공황장애 환자들을 묘사하기 시작했는데, 이 환자들 중 대부분은 전쟁에서 정신적 충격을 겪은 군인이었다.

다양한 형태로 발생하는 공황

첫 공황

첫 공황의 대략 1/3은 공적인 장소에서 일어나고, 1/4은 차를 운전 중이거나 탑승 중에 일어나며, 1/3은 집안에서 일어난다. 대부분의 경우에는 공황과 연관된 스트레스에서 근원을 찾을 수 있다(예를 들어, 개인적 갈등, 일 스트레스, 누구의 죽음이나 깊은 슬픔, 임신 · 출산 등).

그러나 개인이 공황을 해석하는 것은 수반되는 신체적 증상이나 상황에 따라 달라진다. 흔한 예로는, 굉장한 위험의 감지와 빠른 심장박동, 숨찬 느낌 등이 수반된 예상치 못한 공황의 경우에 대체로 심장마비(또는 다른 위험한 병)의 시작으로 해석되고, 환자는 병원의 응급실로 후송된다. 의사가 환자의 심장순환계가 지극히 정상이라고 판정하면 환자는 금방 안정을 찾는다.

두 번째 공황이 일어나고, 다시 의사에게 심장순환계가 정상이라는 진단을 들으면, 그때부터 환자는 자신의 정신 상태에 대해 의심하게 된다. 공황을 겪으면 매우 힘이 빠지고 조절할 수 없고 거부할 수 없는 신체적 증상들이 동반되기에, 결국 "검사를 해도 나에게 신체적인 문제는 하나도 없다고 하는데, 난 이걸 상상하는 것도 아니고 지어내는 것도 아니잖아. 이건 통제할 수도 없어. 그렇다면 내가 미쳐가는 걸까?"라는 다른 걱정으로 변할 수도 있다.

대부분 첫 공황 이후에 환자들은 다시 공황이 올까 불안하게 된다. 의학적으로는 위험한 신체 증상이 나타날 소지가 없다는 것을 반복적으로 확인 받지만, 그럴수록 환자들의 관심은 원인을 알 수 없는 다시 올 것 같은 공황에 집중된다.

그들은 공황 자체를 두려워하게 된다. 두려움을 또 두려워하는 것이다. 따라서 공황을 겪는 것을 받아들이기 시작하면, 자신들이 그 두려움으로 인해 망신을 당하거나 우습게 될 만한 장소를 엄격하게 피하기 시작한다. 다음의 사례가 이와 관련된 것이다.

31세의 사업가 ○○ 씨의 첫 공황은 그가 심장마비의 증상으로 착각한 숨 가쁨과 가슴이 조여 오는 증상이 수반되었다. 그 다음 두 차례의 공황을 겪고, 정기 검진 후에 그는 건강이 지극히 정상인 것을 확인받았다. 그러나 그는 공황을 겪는 것에 대해 두려움을 갖기 시작했다. 그 결과 다리 위에서 운전을 하거나 걷는 것, 고속도로를 달리는 것 등을 피하기 시작했다. 또 다시 공황을 겪을 수 있다는 불안감과 통제력을 잃고 사고를 낼 수 있다는 두려움 때문이다.

예상치 못한 공황

아마도 가장 혼란스럽고, 두려운 공황은 바로 예상치 못한 공황일 것이다. 낙하산을 타고 하강할 때의 명백하고 예측할 수 있는 공포는 이해하는 데 별 문제가 없지만, 집에 조용히 앉아 있는데 갑자기 일어나는 공황은 사람들을 당황하게 한다. 가끔, 이런 신체적 증상은 내면적인 위협, 즉 자신의 건강에 대한 위협으로 해석된다. 처음에는 공황을 겪으면서 건강의 위험에 대한 두려움이 생기지만 점차 통제력 상실이나 사회적 망신에 대한 두려움으로 변화해 나간다. 예를 들어, "난 여행을 절대 혼자 안 할 거야. 공황을 겪을 수도 있거든. 그러면 남들 앞에서 자제력을 잃고 망신을 당하게 될 거야." 이런 식으로 대치되는 것이다.

이 공황의 예측 불가능함과 설명 불가능함은 환자에게 걱정과 괴로움을 더해 준다. 환자가 어떤 장소나 시간에서 안전하지 않다는 것을 느낀 이상, 후에 무엇을 할지 계획하는 것은 매우 어려운 일이 된다.

공황이 반복됨에 따라 예상치 못한 공황의 요인을 찾는 것이 가능해지기도 한다. 어떤 사람은 그 요인이 특정한 장소임을 발견하고 그 장소를 피하기도 하고, 어떤 사람은 특정한 상황임을 발견하고 그러한 상황을 피하기도 한다.

일반적으로 예상치 못한 공황이 주는 심리적 타격은 예측된 공황의 그것보다 더 심각하고 방해가 된다. 그러므로 예상치 못한 공황의 출현을 공황장애의 진단기준 첫 항목에 두고 있다.

다양한 형태로 발생하는 공황

수면 공황

공황을 겪는 사람 중에 어떤 사람은 수면의 초기 단계에서 공황을 겪기도 한다. 이런 경우, 환자들은 종종 공황의 상태에서 깨어난다. 연구 결과를 보면, 공황장애 환자 중 약 1/4 정도에서 수면 공황을 경험한다고 한다.

수면 공황은 각성 시의 공황과 비슷한 증상들이 나타난다. 예를 들면, 빠른 심장박동과 숨 가쁨, 목이 졸려오는 느낌이 좀 더 심하다는 것이 특징이다. 수면 공황 중, 절반 정도는 첫 번째 증상으로 자신이 죽을 것 같거나 통제력을 잃을 것 같다는 생각으로 잠에서 깨어난다고 하였고, 나머지 절반 정도는 목이 졸려오는 것 같은 신체 증상이 나타난다고 했다.

수면 공황은 점점 심해지는 경향이 있고, 지속 시간은 다양하지만 평균적으로 25분간 지속된다. 어떤 사람은 1~2분 정도의 짧은 시간을 호소하기도 하고, 어떤 사람은 긴 시간을 호소하기도 한다. 수면 공황은 악몽처럼 나쁜 꿈에 의해 촉발되는 것이 아니라고 알려져 있으며, 다른 수면 장애와는 달리 깨어난 뒤 의식의 혼탁이 동반되지 않는다. 환자는 정상적으로 반응하며 주의를 의식할 수 있고, 나중에 그 상황을 다시 기억해 낼 수도 있다.

이완 유발 공황

대부분의 상황에서 두려움은 신체적 긴장을 유발한다. 신체적 긴장은 이완과는 정반대의 현상이라 할 수 있다. 이런 사실을 바탕으로 공황이나 공포를 줄이거나 예방하기 위해 근육 이완기법이 종종 이용된다. 그런데 공황장애 환자들 중 소수에서는 이완의 느낌으로 인해 실제로 공황이 유발되거나, 치료 과정에서도 이러한 현상을 보이는 환자들이 있다.

이런 이완 유발 공황은 일반적으로 이완의 느낌이 낯설어서 통제력을 잃을 것 같은 절박한 두려움이 발생하기 때문인 경우가 많다. 왜냐하면 공황장애 환자는 신체의 감각에 아주 예민하기 때문에 이완을 할 때 느끼는 가볍거나 무거운 느낌, 퍼져나가거나 저린 느낌, 뜨겁거나 멍한 느낌 등의 새로운 감각을 공황이 오는 느낌으로 받아들인다.

이완 도중 공황을 겪는 환자에게는 이완의 느낌을 그렇게 오해할수도 있다는 사실을 잘 이해시키거나 이완의 느낌을 편한 감각으로 받아들이도록 설득하거나 이완 훈련을 다소 변형한 방법을 사용한다. 예를 들면, 근육 이완에 집중을 하기 보다는 편안한 장면에 집중을 하는 상상 이완 기법 등을 들 수 있겠다.

상황적 공황

상황적 공황은 작은 방에 갇힌 특정 상황을 위협으로 해석함으로써 일어난다. 예상치 못한 공황과 비슷한 증상이 나타나지만, 예측이 가능해서 생활 중에 그 상황을 피할 수가 있다는 것을 차이점으로 들 수 있다.

다양한 형태로 발생하는 공황

아동 공황

공황장애가 아이들에게 진단되는 경우는 드물지만, 일부 아이와 청소년은 어른들과 똑같은 공황 증상에 시달린다. 상당한 비율의 성인 환자들이 10세 이전의 공황 경험을 이야기하기도 한다.

최근의 몇 연구에 따르면 정신치료가 필요한 아이들 중에는 공황장애가 원인일 수 있다고 한다. 어떤 아이들은 등교거부증을 보이는데, 이것이 바로 학교 상황에서 공황이 발생하기 때문이다. 따라서 아이들이 겪는 공황은 그 호소하는 표현이 성인들과 다를 수 있기 때문에 각별한 주의를 요한다.

준서는 12세에 정신과적 치료를 받았다. 주 증상은 일반적인 불안이나 등교거부증이었다. 세심한 평가를 하는 중에 준서가 특정한 상황에서 공황이 있다는 사실을 알게 되었다. 준서는 8세 때 많은 아이들 앞에서 늦었다는 이유로 선생님에게 심하게 징계를 받은 뒤 첫 공황을 겪었다. 그 후로 준서는 학교 가는 길, 조회 시간, 놀이터에서 많은 아이들에게 둘러싸여 있을 때 공황을 겪기 시작했다. 준서는 많은 의사들을 만났으나, 뚜렷한 원인을 발견하지 못하였으며, 이후 등교거부가 지속적으로 일어나고 정신과 치료까지 받게 된 후에 비로소 공황 증상에 의해 이차적으로 등교 거부가 일어났다는 사실을 알게 되었다. 준서는 마치 자신이 죽을 것 같다는 생각, 숨 가쁨, 어지러움, 떨림, 격렬한 심장박동, 무력감 등의 증상을 호소했다. 대부분의 공황은 학교 근처에서 일어났지만 다른 장소에서 일어나기도 했다.

전쟁과 같은 폭력적 상황에 노출된 아이에게도 공황이 일어난다는 사실이 발견되었다. 흔하지는 않지만 아이들에게 공황이 일어났을 때는 미리 알아차리는 것이 중요하고 적절한 정신과 치료를 받는 것이 무엇보다 중요하다.

공황에 관한 사실

빈도

대규모 연구에서 공황장애의 평생 발병률은 대략 전체 인구의 1.5~5% 사이인 것으로 알려져 있다. 이 수치를 토대로 우리나라에도 공황장애를 겪는 환자들이 100~200만 명 정도가 될 것으로 예상한다. 캐나다, 이탈리아, 한국, 뉴질랜드, 미국 등에서 비교할 만한 수치가 발표되었는데 나라마다 인종적 차이가 거의 없이 비슷하다.

그런데 공황장애가 아닌 단순한 공황은 인구의 1/3이 지난 1년간 적어도 한 차례의 공황을 겪었다고 보고하고 있다. 하지만 이들이 겪은 공황은 공황장애와 관련된 공황보다는 강도가 약한 것으로 밝혀졌다. 결론적으로 공황을 경험하였다고 해서 모두 공황장애 환자인 것은 아니다.

다른 불안 장애에서의 공황

공황은 사회공포증, 강박 장애, 범불안 장애, 특정 공포증 등에서도 흔하다. 사회공포증 환자가 여러 명의 사람들 앞에서 얘기하는 장면을 생각하는 것만으로도 공황을 겪는 일은 흔한 일이다. 공황은 우울증에서도 흔하다.

다만 다른 불안 장애나 우울증에서의 공황보다는 공황장애에서의 공황이 더 격렬하고 빈도도 높고, 예측하기 어려운 것으로 밝혀졌다.

무엇이 공황장애를 일으키나?

대부분의 공황은 스트레스가 많은 기간 중에 생기는 것으로 밝혀졌다. 첫 번째의 예상치 못한 공황을 경험할 때, 환자들은 이런 갑작스럽고도 급격한 두려움을 설명하기 어려워한다. 그러나 평가를 하고 치료를 하는 중에 공황의 근원이 서서히 나타나기 시작한다.

공황은 경고신호이다. 자신의 몸이 자신에게 하는 경고로, '야, 더이상 이렇게는 못 살겠다. 제발 나 좀 살려다오. 이제 그만해라.'하는 메시지가 공황의 형태로 나타나는 것이다.

일상생활의 큰 변화 또한 공황을 가져 올 수 있다. 그리고 가장 흔한 근원적 사건으로는 결혼, 개인적 갈등, 질병, 가까운 사람의 죽음, 재정적 파산 등이 있다. 직장에서의 스트레스, 건강 문제, 지나친 음주나 흡연, 카페인의 과다 복용, 무절제한 생활 패턴, 약에 대한 거부 반응 또한 공황을 유발시키는 데 기여하는 것으로 밝혀졌다.

그리고 성격적으로는 강박적이거나 경쟁적이고 다혈질인 사람에게서 공황 발생 가능성이 높고, 사람을 잘 믿지 못하고 의심이 많거나, 겁이 많고 걱정이 많은 사람에게서도 발생 가능성이 높다. 그렇다고 공황장애가 발생하는 사람을 성격 탓으로 과일반화할 필요는 없다.

어떤 환자는 어려서 친구들과 집에서 놀다가 친구들이 자신에게 이불을 뒤집어씌우고 위에 올라와 장난을 친 일이 있었다. 그 당시 숨이 막히고 못 견딜 것 같아 풀어 달라고 난리를 친 적이 있었는데 그 이후로는 폐쇄된 장소나 자신이 마음대로 나갈 수 없는 공간에서 공황의 느낌을 경험한다고 했다.

간혹 자신이 너무 심약해서 이런 공황을 겪는 거라며 자신을 비난하거나 자책을 하는 환자를 만날 때가 있다. 그러나 심약하기 때문에 공황이 일어나는 것은 아니다. 저자가 오래 전에 만났던 공황장애 환자 중에는 폭력조직의 두목이었던 사람이 있었다. 그는 나에게 젊어서 주먹 하나 믿고 서울로 올라와 산전수전 다 겪으면서 도끼로 머리를 맞고 뇌수술을 할 때에도 이렇게 두렵지는 않았는데, 도대체 이건 뭐냐면서 공황 증상을 두려워하였다. 이렇듯이 담대한 사람도 공황장애가 오면 응급실을 찾게 되는 것이다.

어느 정도 성공을 하고 생활이 바쁜 회계원 기훈 씨는 만성적으로 걱정을 많이 하는 사람이며 쉽게 좌절하는 성격의 소유자이다. 그의 어머니가 전신이 무력해지는 병에 걸려, 기훈 씨가 자주 방문해서 건강을 체크해야만 했다. 그러는 중에 그의 첫 공황이 발생했다. 매우 무섭고 예상치 못한 경험으로 곧 죽을 것 같은 느낌이 들었다. 처음에는 그의 스트레스를 어머니의 병환과 관련시키지 않고, 단지 독립된 다른 질병인 것으로만 알았다. 나중에 정신과 의사와 상담 중에 공황이 오기 전 그가 어머니 병환으로 인하여 많은 죄책감과 양가감정을 느끼게 되었다고 말하였다. 그는 어머니의 병환이 신체적, 정신적으로 큰 스트레스가 되었던 것이다.

위험 요인

공황장애를 일으키는 위험 요인을 찾는 연구가 비교적 늦게 시작되었고, 아직도 미완성 상태이지만, 사우스캐롤라이나에서 진행된 연구에서는 가족 갈등, 부모님의 무관심, 분리 장애, 가족 중의 만성적인 신체 질환 또는 정신 질환의 존재, 마지막으로 가족 중의 알코올이나 약물 중독자의 존재 등이 위험 요인인 것으로 밝혀졌다.

부모님이 돌아가시거나, 이혼, 성희롱 등이 공황장애의 위험 요인이 된다는 것에 대한 증거는 아직까지 없다. 호흡계 질환에 대한 독립적 연구에서, 호흡에 곤란이 있었던 사람은 공황장애에 걸릴 위험성이 더 크다는 것은 일부 연구에서 밝혀져 있다. 일부 환자들은 자신이 어려서 형제들이나 친구들과 놀다가 폐쇄된 상황 속에서 빠져 나오지 못한 경험을 보고하기도 한다.

공황장애와 극심한 광장공포증으로 비행기나 고속철도를 타지 못 하는 성환 씨는 자신의 공황장애 원인을 아주 명확하게 알고 있다고 보고한다. 20대 초반에 군 생활을 카투사에서 하게 되었는데, 한번은 한미 연합군 훈련에 투여되었다고 한다. 그때 적군과 아군으로 나누 어서 모의 전투를 하던 중에 자신이 포로로 잡혔다. 그는 강원도 해변 모래사장 위 작은 텐트 안에 포로로 묶이게 되었다. 시간이 지남에 따 라 뜨거운 태양 아래 갇힌 텐트 속에 열기가 올라가고 기둥에 묶여 있 던 그는 호흡곤란을 느끼고 탈수가 되어 죽을 것 같은 공포에 시달렸 다고 한다. 그 이후로 자신은 막힌 공간이나 자유롭게 빠져 나오지 못 한 상황에 처하게 되면 공황이 온다고 보고하였다.

유전적 특질

가족이나 가까운 친척이 공황장애로 진단받은 경우에는 위험에 조금 더 노출되어 있음이 밝혀졌다. 하지만 이것이 직접적인 유전적 인 요인 때문인지 아니면 환자와 비슷한 가정적, 사회적 경험 때문 에 그런지는 아직도 밝혀지지 않았다.

공황장애가 유전인지 아닌지를 판가름해줄 일란성 쌍둥이와 이란 성 쌍둥이의 연구는 단정된 결론을 내기엔 아직 부족한 편이다. 저자도 공황장애를 가진 환자들 300명의 혈액을 채취하여 공황을 일으킬 수 있는 유전자 지표들을 찾는 연구를 시행하였으나, 공황을 유발한다고 특정 지을 수 있는 지표는 찾을 수가 없었다.

하지만 저자가 지난 30여 년간의 임상 경험으로 공황장애를 가진 환자들 가족 중에 공황장애나 다른 정신장애를 가진 분들이 상당히 많은 것으로 보아 유전적인 취약성이 전달되는 것으로 보인다. 아마도 강박 장애를 대상으로 한 연구 결과와 같이 공황장애의 유전적인 요인이 취약한 사람이 공황장애를 포함한 다양한 형태의 다른 불안장애를 가질 확률이 높은 것으로 추정된다.

분리 장애

어린 시절 겪었던 불안이 나중에 공황장애를 나타나게 하는지는 임상적으로는 유추되지만 뚜렷하게 증명된 바는 없다. '분리불안'은 아이들이 부모로부터, 특히 엄마로부터 분리되었을 때 극심한 불안을 나타내는 현상이다. 이런 분리불안이 좀 더 성장해서도 없어지지 않으면 등교 거부로 나타나기도 한다.

공황장애 환자 중에는 자신이 어렸을 적에 분리불안을 겪었다고 보고하는 경우가 있지만, 어릴 적 경험을 회상한 것이기 때문에 신뢰하기 어렵다. 그리고 다수의 어린이는 오랜 기간 분리의 경험을 겪어도 병적인 영향은 없는 경우가 많다.

나이와 성별

대다수의 공황장애는 20대에 일어난다. 다시 말해 성인기 초기에 장애가 오는 것이다. 50세 이후에 공황장애를 겪을 확률은 상대적으로 적다. 일어나는 빈도는 25~44세가 45~64세 수치의 2배이다. 65세 이상의 노인층에서 일어날 확률은 매우 적지만, 저자의 임상 경험에서는 72세에 처음 공황을 경험한 사례도 있다.

성별이 관여하는 것도 한결같지 않다. 대부분의 연구에서, 여자 환자가 남자 환자보다 많다. 아마도 광장공포증이 수반된 공황장애를 여자가 더 많이 겪기 때문인 것으로 보인다. 이 집단만을 대상으로는 여자와 남자의 비율이 3:1 정도로 보고되고 있다. 이것은 아마도 사회적인 기대나 관습 같은 것이 일부 관여하기 때문일 것이다.

여자들은 공황이 두려워 특정한 상황을 피하는 경우가 많아 광장공포증의 발생이 높지만, 남자들은 직업적 활동을 해야 한다는 사회적 압력이 그들로 하여금 사회적 상황에 직면하게끔 강요하고, 또는 약이나 술에 의지하기 때문에 상대적으로 광장공포증의 발생이 낮은 것으로 추정하고 있다. 광장공포증이 수반되지 않은 공황장애 환자들의 성별차이는 덜 명백하다.

다른 장애와 공황장애와의 연관

공황장애로 진단받은 환자 중 절반 이상은 임상적으로 우울증에 시달렸던 적이 있다고 한다. 1/4은 사회공포증이 있으며, 비슷한 수가 강박 장애에 시달렸다고 한다. 다섯 명 중 한 명은 알코올을 남용한 것으로 밝혀졌다. 특히 알콜리즘과 공황장애는 같은 유전적 취약성을 의심할 정도로 공존하는 경우가 많다.

공황장애로 진단받을 때, 많은 환자에서 다른 심리적 문제가 동반된다고 진단받는다. 60% 정도가 공황장애와 함께 우울증이 있다고 진단받는데, 우울증이 독립된 증상일 수도 있고, 공황장애에 의한 두려움과 일상적 사회생활의 제한 때문에 이차적으로 생기는 증상일 수도 있다.

그 외에 공황장애와 관련된 장애로는 건강염려증이 있다. 건강염려증은 신체화 장애의 일종으로 건강과 관련된 근거 없는 걱정(예를 들어, 자신이 심각한 병에 걸렸다고 믿는 것)을 하는 상태를 말한다. 건강염려증의 핵심은 불신으로 의사의 진단이나 설명을 믿지 않고 멋대로 자신의 건강상 문제를 확신하는 것이다. 일반적으로 이것은 30대 전에 시작되고, 만성적이고 변동이 있다. 이 환자들 중 일부는 공황장애를 앓고 있는 것으로 밝혀졌다.

미국의 연구에서 신체화 장애를 앓고 있는 환자 중 절반 이상은 공황장애의 진단 기준에 들어맞는다고 밝혀졌다. 이 신체적인 증상 치료를 위해 수년 동안 병원 곳곳을 찾아다니지만 별다른 치료 효과를 보지 못하는 경우가 많다. 다양한 신체적 증상이 나타나서 내과, 이비인후과, 신경과, 가정의학과 등을 전전하지만 검사를 해도 나타나는 것이 없고 주로 신경성이나 스트레스성이라는 말을 듣게 된다. 이는 공황장애의 만성 증상으로 설명할 수 있으며 추후에 자세하게 다룰 것이다.

공황은 일상생활에 제약을 주며 수년간 지속될 수 있다. 수차례의 공황을 겪은 후에, 환자는 특정한 활동이나 장소를 피하게 된다. 이런 회피는 심해지면 결혼, 인생, 직업, 여행 등에서 제약을 받게 된다. 극심한 경우에 어떤 환자는 누군가 동행하지 않으면 절대 집밖을 못 나가고 또한 누군가와 동행했을 때에도 아주 짧은 시간밖에는 움직이지 못한다.

이런 회피 행동의 패턴은 환자의 특정한 두려움에 의해 정해진다. 힘을 쓰는 것이 심장마비를 불러일으킨다고 믿는 사람은 당연히 스포츠와 같은 활동을 회피할 것이며, 자신이 통제력을 잃고 다리에서 뛰어내릴 것 같다고 생각하는 사람은 다리 또는 높은 장소를 회피할 것이다. 질식을 두려워하는 사람은 터널, 엘리베이터, 지하철 등을 회피할 것이다.

회피 행동을 하는 이유는 바로 그 사람의 안전을 보장하기 위한 것과 모든 잠재된 위험한 상황에서 쉽고 재빠르게 안전을 찾기 위한 것이다. 예를 들면, 만약의 사고 때문에 집에 혼자 있길 싫어하거나, 차가 항시 대기되어 있어야 한다거나, 혼자 이동할 수 없거나, 줄지어 서 있는 걸 피한다거나, 혼자 쇼핑하는 걸 피하거나, 자신이 투숙하는 호텔이 튼튼하게 설계되었는지, 환풍이 잘되는지 확인하는 행동 같은 것들이다. 이런 행동 특성을 '안전 추구 행동'이라는 용어로 부른다.

또한 광장공포증 환자들은 약이나 음식, 마실 것, 애완동물, 라디오, 카메라, 팔찌, 휴대폰, 책이나 신문, 빈 약병, 담배, 종이봉투, 의사의 전화번호, 부적 혹은 묵주, 돈 등을 가지고 다니는 경우가 많은데 이것들을 '안전 신호'라고 부른다.

공황은 대체로 염려가 많은 감정을 발생시킨다. 몇 시간 동안 염려하고 무기력과 성급함이 뒤따르는 것도 지극히 정상이다. 염려하고, 공황에 관련된 것에만 몰두하는 것, 우울증을 느끼는 것도 공황의 흔한 결과이다.

다른 공황이 올 것에 대한 두려움과 특정한 회피는 밀접한 관계가 있다. 그들은 공황이 일어날 것 같은 상황이 예측되면, 확실하게 모두 피한다. 어떤 환자는 "저는 시장을 피합니다. 왜냐하면 공황이 일어날 게 확실하거든요."라고 말하고, 다른 환자는 "저는요, 엘리베이터를 안 타요. 공황이 일어날 것이 뻔해요."라고 말한다.

일반적으로 특정한 날, 특정한 곳을 피하는 회피의 결정적인 근거는 공황에 대한 환자의 예측이다. 공황이 일어날 확률이 크다고 예측되면, 그런 장소와 상황은 꼭 피하게 된다. 그러나 그들이 공황이나 그 밖의 다른 나쁜 일이 특정한 곳, 특정한 시간에 일어나지 않을 것이라고 예측할 수 있게 되면, 절대 피하거나 급하게 서두르지 않아도 된다.

대부분의 공황장애 환자들은 시간이 지남에 따라서 공황에 대한 그들의 예측과 불안이 변화된다. 그들에겐 좋은 날과 나쁜 날이 있으며, 가끔은 잠자리에서 일어나자마자 그날이 어떤 날인지 짐작할 수도 있다. 이런 변화는 기분이 바뀌면서 일어나기도 하고, 환자 나름대로 재앙의 가능성에 대한 자세한 분석에 따라서도 다를 수 있다.

불안과 공황에 대한 이런 예측과 회피 행동이 변화한다는 단순한 사실은 환자와 그들의 가족 사이에 갈등이 될 수도 있다. 구체적인 예로, 어딘가를 갈 때 누군가가 동행되어야 하는지의 여부도 매일 한결같아야 한다고 가족들은 생각하기에 "왜 어제는 너 혼자서도 잘 다녔으면서, 오늘은 내가 동행해줘야 하니?"라고 환자를 몰아세우기도 한다.

가까운 가족 구성원이나 친구들에겐 환자의 회피 행동이나 요구는 매우 이해하기 어려운 것이 될 수 있다. 이런 변화 때문에 가족들은 환자가 지닌 문제의 신빙성에 의문을 갖게 된다. "쟤, 진짜로 겁나는 거 맞아? 내가 꼭 집에 같이 있어줘야 하나? 혹시 그런 척 하는 거 아니야?" 같은 식이다. 이런 의심과 예측은 불안과 회피가 지속적이고 변하지 않는다는 잘못된 가정이 바탕에 깔려 있기 때문이다. "지난 화요일엔 불안도 없고 혼자서 잘만 다녔잖아. 그러니까 금요일에도 너는 똑같아야 돼." 사실, 공황을 겪는 것은 날마다 다를 수도 있다. 이런 변화의 이유를 환자도 스스로 인식하지 못하는 경우가 종종 있다.

공황은 이성적이지 못한 면이 있다. 마치 거미에 대한 두려움의 이유가 정확히 밝혀지지 않은 것처럼 말이다. 이런 변화무쌍한 공황을 겪는 환자의 가족이나 동료들은 환자의 이런 면으로 인해 그가 완전히 비이성적이거나 정신적으로 불안정하다고 생각해서는 안 된다. 넓게 보면, 우리 인간은 모두 비이성적인 때가 있는 것이다. 그래서 우리는 심리학적으로 비정상이라는 오해를 받지 않으면서도, 비이성적인 행동을 가끔 할 때가 있는 것이다.

환자들은 몇 차례의 공황을 겪은 후에, 그들이 나중에 언제 다시 공황을 겪게 될지에 대해서 예측을 하게 된다. 예상치 못한 공황을 겪은 후, 그들은 다음 번 공황은 방금 겪은 그것보다는 예측하기 쉬울 것이라고 생각하기 때문이다. 이런 가능성에 대한 과대평가나 재앙화 사고라는 인지적 오류는 매우 흔하다. 하지만 실제 공황을 정확히 예측하기는 거의 불가능하다.

이런 경로로 진행되는 공황장애의 일반적인 경과와 치료율은 대략적으로 다음과 같다. 환자 중 절반이 정기적으로 되풀이되거나 약한 공황 증상을 보이며, 그 중 30%는 회복되기도 하며, 그 중에 20%는 심각하고 만성적인 증상을 보이기도 한다고 알려져 있다.

하지만 공황장애는 수많은 정신장애 중에서 가장 치료 효과가 높은 장애로 밝혀지고 있다. 그것은 인지행동치료라는 정신치료의 효과에 기인한 것이다. 공황장애는 약물치료만으로는 치료할 수 없다. 인지행동치료를 받게 되면 60~90% 이상에서 약을 끊고 건강한 삶의 질을 누리며 살아갈 수 있다.

CHAPTER *02*

공황장애의
급성 증상

공황장애의 원인에 대한 이론적 접근법은 생물학적 요인을 강조하는 것과 심리학적 요인을 강조하는 것의 두 가지로 크게 나눌 수 있다. 양쪽 요인 모두 중요하지만, 어느 한쪽이 더 중요한지의 여부와 두 요인이 합쳐질 경우 그 양상은 어떻게 되는지 등에 대한 설명은 여전히 연구가 진행 중이다. 근래에는 스트레스 취약성 이론이 공황장애 발생을 설명하는 데 설득력 있는 모델이 되고 있다.

원인을 정확하게 모른다는 사실이 반드시 치료가 불가능하다는 것을 의미하지는 않는다. 공황장애의 실체를 명확히 이해하고, 적절한 대처 능력을 학습한다면 극복할 수 있다. 경험적으로 보면, 치료 방법이나 치료 성과의 진전이 이론적 설명을 앞서기도 하며 오히려 이론적 설명을 더욱 발전시키기도 하는 것이다.

공황장애의 원인

생물학적 이론

1960년대에 정신과 의사 도널드 클라인은 반복적으로 격렬한 공황을 겪거나, 특히 예상하지 못하고 두드러진 공황을 겪는 환자들의 증상을 일컬어 공황장애로 분류하자고 제안하였다. 상당한 연구 후 그의 제안은 받아들여졌고, 1980년에 미국 정신의학회의 주요 공식적 진단 체계에 공황장애라는 진단이 포함되었다.

클라인 박사는 그의 제안에 대한 근거로 두 가지를 들었다. 첫 번째로, 격렬하고 예상치 못한 공황을 겪는 환자가 불안의 증상을 완화시키는 항불안제에는 잘 반응하지 않으면서도, 우울증 치료에 사용되는 이미프라민에는 잘 반응하는 것을 관찰하였다. 그래서 공황장애 환자들이 불안을 겪는 환자들과는 다르다는 결론을 내렸다. 두 번째로, 실험에 참여하는 많은 공황장애 환자들은 나트륨 유산염이 투여되었을 때 공황을 겪는 것을 발견하였고, 또한 공황 유발 실험에서도 환자에게 항우울제인 이미프라민을 미리 투여하면, 나트륨 유산염을 투여해도 공황이 덜 일어난다는 사실을 발견하였다. 클라인 박사는 공황 유발 실험에서 이미프라민이 공황의 발생을 막았고, 이것이 공황장애를 불안장애의 독립된 아형으로 분류하려는 그의 제안을 뒷받침한다고 결론지었다.

클라인 박사는 공황장애가 본래 생물학적인 현상이라고 제안했다. 환자에게는 극히 예민한 알람 시스템이 있는데, 이것은 신경 조직의 병리학적인 장애에 의해 유발되며, 예상치 못한 자발적인 공황을 야기한다고 주장하였다. 이런 장애는 질식에 대한 두려움 또는 분리 장애와 연결되어 있다고 하였으며, 수면 공황을 포함한 자발적인 공황은 예상치 못한 시간과 장소에서 일어나기도 한다고 하였다. 자발적인 공황의 경험은 그 후의 공황에 대한 염려와 불안을 증가시키고 결국은 광장공포증으로 이어진다고 주장하였으며, 그의 주장대로 공황과 그 후의 두려움과 회피 행동 사이의 연결은 확실해졌다.

　신경조직의 병리적인 장애에 관한 그의 이론은 이후 지지받지 못했고, 클라인 박사는 자신의 이론에 오류가 있다는 사실을 인정하였다. 첫 번째 이유는 그의 생각과는 달리 공황장애 환자들이 다른 불안장애의 치료에 쓰이는 항불안제에도 효과적으로 반응한다는 것에서 시작되었다. 즉, 공황장애는 특정한 항우울제에만 차별적으로 반응하는 것은 아니었다. 클라인 박사의 이론 중 두 번째 오류는 공황장애 환자들만 나트륨 유산염 실험에 반응하는 것은 아니라는 점이다. 나중에 그 연구는 공황장애 환자가 아닌 다른 환자들 그리고 아예 환자가 아닌 사람들도 이런 실험에 비슷한 반응을 보일 수 있다는 사실을 보여주었다. 나트륨 유산염이 투여되었을 때, 대략 85%의 공황장애 환자들이 공황 증상을 보인다는 주장에서 약 50% 정도로 다시 수정해야 했다.

　공황 유발 실험이 극도로 예민한 알람 시스템의 신경성 장애를 유발시켜서 일어난다는 결과도, 공황장애 환자들이 각기 다른 반응을 일으키고 또한 그 수가 늘어남에 따라 문제를 드러내기 시작했다. 더구나, 공황장애가 아닌 환자들도 비슷한 반응을 보인다는 사실이 발견됨으로써 소수의 환자들에게만 그의 이론 일부가 들어맞는다는 것도 밝혀졌다. 또한 클라인 박사가 중요하게 여긴 자발적인 공황과 다른 보통 공황과의 구별이 이론에서 제시되지 않고 있다. 그래서 비평가들은 그의 이론이 너무 모호하여 받아들이기 힘들다고 비판을 가했다.

　최근에 수정된 이론에 의하면, 클라인 박사는 우리 모두가 태어나자마자 가지게 되는 예민한 질식 경보 시스템을 언급하였다. 그러나 이 경보 시스템이 너무 쉽게 또는 자주 울리게 되면 이것이 자발적인 공황으로 이어질 수 있다고 주장하였다. 많은 공황장애 환자의 저변에 깔려 있는 근본적인 문제는 이 예민한 질식 경보 시스템 때문이라는 주장이다. 공황장애 환자들이 호흡곤란을 경험하고 질식에 대한 절박한 두려움이 있는 사람들에게 그 호흡곤란이 중요한 요인이라는 것은 일면 당연한 것으로 보인다. 클라인 박사의 이론은 공황장애에 대한 많은 생물학적인 이론 중 하나일 뿐이라고 생각해야 할 것이다. 이론가들은 생물학적인 요인에 대해 각기 다른 시각을 가지고 있고 암시적인 증거 밖에 없으며, 이것들 중 아무 것도 확실한 근거가 뒷받침되어 있지 않다.

심리학적 이론

많은 임상치료자 중에 옥스퍼드 대학 신경정신과에 있는 데이비드 클라크 교수는 환자들이 경험하는 호흡곤란에 주목하였다. 환자들의 호흡은 매우 빠르거나 너무 얕은 경향이 있었다. 이런 과호흡의 증상으로는 어지러움, 머리가 너무 가벼운 것 같은 느낌, 무기력감, 극도의 과민성, 가슴 조임, 비현실감, 손발의 저림과 마비감 등이 있다. 공황장애 환자들 중 일부에서는 과호흡이 공황보다 앞서 나타난다고 보고하기도 하였다.

클라크 교수는 환자가 자신의 머리가 가볍게 느껴진다거나 가슴에 압박이 오는 것 등의 과호흡 증상에 대해 생각할 때, 무엇인가 정말 나쁜 일이 일어날 것 같다고 상상하기 때문에 공황이 일어난다는 사실을 발견하였다. 즉, "가슴이 조여 오는 것 같고 어지러워서 난 기절할 것 같아. 지금 심장마비가 오려나 봐. 난 죽게 될 거야."와 같이 해로운 결과가 일어날 것 같다는 생각이 공황에 영향을 미친다고 설명하였다.

클라크 교수는 그의 연구를 과호흡 이외에도 모호하고 아직 설명되지 못한 신체 증상들을 포함하는 범위로 넓히고, 공황장애에 대한 새로운 설명으로 다시 재구성하였다. 그는 공황이 다양한 신체 증상에 대한 파국적 해석으로 공황이 유발된다고 설명하였는데, 결국 환자는 이런 해석으로 갑작스런 위험에 대해 격렬한 두려움을 갖게 된다는 것이다. 이런 오해의 가장 흔한 형태는 갑작스런 죽음에 대한 두려움, 미칠 것 같은 느낌에 대한 두려움, 완전히 통제력을 잃을 것에 대한 두려움, 공적인 장소에서 망신이나 모욕을 당할지도 모른다는 두려움, 뇌종양이나 심장마비 같은 질병에 대한 두려움 등이다. 주변에 이런 문제를 경험한 사람들이 있었거나 신체 증상에 급격하게 예민한 사람들은 공황장애가 발생할 위험 부담이 더 크다는 것이다.

기절이나 과호흡 같은 좋지 않은 신체 증상들을 유발시키기 쉬운 상황이나 사건을 경험하는 것은 잘못된 해석으로 직행하는 지름길이다. 가족 중에 심장마비 환자가 있었기 때문에 심장마비로 갑작스럽게 죽을 수도 있다는 것을 항상 두려워해 왔던 환자의 경우, 운동 중에 가슴이 조여 오는 것을 경험한다면 그는 이런 경험을 심장마비의 전조 증상일 것이라고 쉽게 믿어서 겁에 질릴 수도 있을 것이다.

그러나 그런 현상이 운동에 대한 신체의 단순한 반응이라는 설명

공황장애의 원인

을 들으면 그 환자는 더 이상 겁에 질리지 않게 된다. 그렇다면 이런 두려운 생각은 어디에서 발생하는 것일까? 천식 같은 호흡곤란을 경험하거나 목숨이 위험할 정도까지 숨이 막혔던 경험을 해 본 환자라면 그런 개인적 경험이 이런 두려운 생각을 쉽게 유발할 수 있다. 뿐만 아니라 가까운 가족이나 친구들의 심각한 질병이나 죽음을 경험했거나, 비극적인 사건을 목격했거나, 그와 관련된 이야기를 들었던 경우도 이런 두려운 생각이 쉽게 발생할 수 있다. 예를 들어, 엄마와 이모가 암에 걸렸던 경험이 있는 환자는, 자신도 암에 걸릴지 모른다는 공포 때문에 단순한 신체적 증상조차도 매우 두려워하게 되었다고 한다. 정신과 환자였던 삼촌이 있는 환자는, 공황 때 경험한 비현실감을 정신분열증의 증상으로 오인하고 그 증상을 매우 두려워했다고 한다. 자신도 삼촌처럼 정신 이상이 되어 정신 병동에 입원하게 될지도 모른다는 생각에 압도되었던 것이다.

클라크 교수의 주장을 요약해 보면, 이런 신체 증상들의 지각은 공포 반응에 대한 기회를 제공하지만, 공황을 결정적으로 유발시키는 것은 이런 감각을 경험하는 환자들의 잘못된 해석이라는 것이다. 만약 환자가 신체 감각들에 대하여 긍정적이고 안전하게 해석한다면 공황을 경험하지 않을 것이라는 것이 그의 주장이다.

아무런 심리적인 문제가 없었던 25세의 여성 김 씨는 작은 밀폐된 공간(예를 들어, 공중 전화박스 같은 곳)에 2분 동안 들어가는 실험에 자발적으로 지원했다. 실험 중 놀랍게도 그녀는 갑자기 몸이 뜨거워졌고 엄청나게 땀을 흘리기 시작했으며 숨도 얕고 빠르게 쉬기 시작했다. 급격히 기분이 나빠지고 갇혔단 생각이 들면서 공황에 빠졌는데, 실험 후반부에서는 곧 기절하거나 완전히 통제력을 잃어버릴 것 같다는 생각이 들었다고 말했다.

그런 비슷한 신체적 증상을 일상생활에서 비슷하게 경험해 본 적이 있냐고 질문하자, 그녀는 조깅을 한 후와 비슷하다고 말하였다. "하지만 그 당시에는 괴롭지 않았어요. 왜냐하면 운동을 한 뒤에는 항상 그런 현상이 일어난다는 것을 전 알고 있었거든요." 이처럼 똑같은 신체 증상을 경험했지만, 조깅을 한 후에는 긍정적인 해석을 할 수 있었기에 공황이 유발되지 않았던 것이다.

클라크 교수와 그의 동료들은 공황장애 환자들이 자발적으로 무서운 생각을 할 때뿐만 아니라, 비슷한 신체 증상(예를 들어, 과호흡)이 일어나도록 유도한 후에 그 증상들에 대하여 부정적인 해석을 하도록 조작하면 공황이 뒤따른다는 것을 증명하였다. 공황장애 환자들이나 공황에 대해 아주 취약한 사람들은 단순한 심리적(또는 행동적) 변화, 예를 들어 밀폐된 작은 공간으로 들어가는 것에도 두렵게 반응하는 것으로 밝혀졌다. 결국 일부 공황은 생물학적이나 심리적인 자극으로도 발생할 수 있다는 것이다.

뉴욕 주립 대학의 발로우 교수는 클라크 교수의 심리적 이론과 유사하면서도 이와는 독립된 이론을 발전시켰다. 발로우 교수는 깊이 이완되는 것을 느끼기 시작할 때 공황이 일어나는 공황 환자의 경우처럼 여러 가지 이해하기 어려운 사례를 설명하는 이론으로 발전시

공황장애의 원인

컸다. 소위 이완-공황이라 불리는 이런 현상은 죽거나 미쳐 버릴 것 같은 재앙을 두려워하는 사람들이나, 통제력을 잃어버릴 것 같은 사람들(자신들이 깨어 있을 때는 항상 의식적으로 조절할 수 있어야만 한다고 믿는)에게 일어나는 것이다. 이런 두려움은 가끔 불법적으로 마약을 복용했던 경험에서 오기도 하는데, 이런 사람들이 감기약은 물론 심지어 처방받은 약까지도 거부하는 모습을 통해 통제력이 없어질 것에 대한 과도한 염려 반응이 있다는 것을 알 수 있다.

심리적인 이론들도 한계가 있기 때문에 수면 공황이 왜 일어나는지, 치료의 효과가 어떻게 일어나는지 아직까지 확실하게 설명할 수는 없다.

앞서 기술된 심리적인 접근법으로부터 발전한 치료도 효과적이지만, 신체 증상에 대한 환자의 해석에는 초점을 두지 않는 몇몇 다른 치료 역시 공황장애 치료에 효과를 보이기도 한다. 이러한 몇몇 다른 치료가 어떠한 기전으로 효과를 보이는지에 대해서는 현재 자세히 알려지지 않았지만, 언급된 대로 공황장애에서 신체적 증상에 대한 왜곡된 해석이 결정적인 요소라면, 우리는 모든 심리적 치료를 통해 환자들이 지닌 생각의 왜곡이 올바른 해석으로 바뀌어야만 치료가 성공한다고 할 수 있다. 만일 왜곡된 해석을 교정하려는 치료적 노력을 하지 않아도 호전이 일어나는 것이라면, 과연 그러한 치료에서도 생각의 변화가 자연적으로 동반되는 것인지 아니면 생각의 변화는 공황장애의 치료 과정에서 필수적인 과정이 아닐 수도 있는지 의문을 가져 볼 수 있을 것이다. 하지만 저자의 경험으로는 왜곡된 해석을 교정하는 치료가 수반된 경우가 그렇지 않은 경우보다

치료 성과가 월등하였다.

결론적으로 이러한 심리적인 이론을 바탕으로 실제 치료 과정 중에 환자들의 경험을 보다 더 적절한 해석으로 인도하는 과정과 그들에게 일어나는 신체적 증상의 빈도와 강도를 조절하는 방법을 가르치는 인지행동치료가 발전하게 되었다.

스트레스-취약성 이론

이 이론은 단순히 공황장애에만 적용되는 이론이 아니다. 공황장애뿐 아니라 오늘날 거의 모든 신체적, 정신적 장애들의 발생을 스트레스-취약성 이론으로 설명할 수 있다.

우리 모두는 유전적으로 어떤 취약성을 가지고 태어난다. 유전병과 구별되는 점은 태어나자마자 증상이 발현되는 것이 아니고, 취약성만을 유전적으로 물려받아 지니고 살아간다는 점이다. 운이 좋으면 평생을 취약성이 발현되지 않은 채 잘 살 수도 있다. 따라서 타고난 취약성만으로 공황장애가 생기지는 않는다. 우리는 점차 성장해 나가면서 살아가는 데 필요한 다양한 사회 기술을 습득하고 인지 기능이 성숙해 간다. 즉, 여러 가지 대처 능력을 키워 가는 것이다. 그런데 다양한 요인 때문에 이런 개개인의 대처 능력은 천차만별 다르다.

그러다가 삶의 어느 때인가 과도한 스트레스에 노출되든지, 신체적으로나 정신적으로 아주 쇠약해져서 대처 능력이 떨어지게 되면, 그동안 유지되어 왔던 균형이 깨지면서 취약성이 밖으로 드러나게 된다. 그러면 어떤 사람은 그 취약성이 당뇨병이나 고혈압 또는 암으로 나타나기도 한다. 공황이나 우울증도 그런 취약성의 결과로 경험하게 된다.

그런데 이 유전적 취약성은 현재의 의료 수준으로는 변화시킬 수 없다. 스트레스 또한 살아서 숨 쉬는 한 피할 수 없으므로, 개개인이 변화시킬 수 있는 것은 오로지 대처 능력을 키우는 것뿐이다. 이런 대처 능력을 키우는 방법 중 가장 체계화되어 있고 과학적인 치료 방법이 바로 인지행동치료다. 생물학적 치료인 약물치료도 공황 증상을 조절하기는 하지만 자신의 대처 능력을 증진시켜서 증상을 조절하는 근본적인 치료법이 아니기에 약을 줄이거나 끊으면 다시 공황 증상이 재발되기가 쉽다. 이때 대처 능력이 없는 환자들은 약을 다시 복용하는 것 이외에는 다른 수단이 없기 때문에 공황장애를 극복하는 데 인지행동치료는 필수적이다.

불안과 공황의 실체

불안과 공황은 크게 생리적, 행동적, 인지적의 세 요소로 구성되어 있다. 각 요소에 대해서 알아보자.

불안과 공황은 진화의 산물이다

공황이 괴롭고 불쾌한 경험이라는 것은 누구도 부인할 수 없는 사실이지만 공황 그 자체가 위험한 것은 아니다. 공황은 위험이나 위협에 대한 정상적이며 필요한 반응이다. 학술 용어로는 공황을 응급반응 또는 투쟁-도피 반응이라고 하는데, 공황 반응이 기본적으로는 위험과 맞서 싸우거나 위험으로부터 도주함으로써 응급 상황에 대처하는 데 필요한 반응이기 때문이다. 따라서 **공황의 일차적 목적은 우리를 위험으로부터 보호하는 것**이라고 할 수 있다.

동굴 속에 살던 선조들이 어떤 급박한 위험에 처했을 때, 싸우거나 도망치는 것 같은 즉각적인 행동을 취하기 위해서는 신체적으로 정신적으로 어떤 자동적인 반응이 일어나야만 했을 것이다. 이런 자동적인 반응이 진화를 거듭하여 오늘날 복잡한 현대 사회에서 적응을 잘 하기 위해 극도로 예민해진 뇌신경계를 가진 사람들이 등장하기 시작하였다. **진화의 최첨단에 선 사람**들인 것이다. 그런데 그런 사람들은 실질적인 위험에만 잘 반응할 뿐 아니라 가상의 위험에도 똑같이 반응하기 때문에 사는 게 고통스러워졌다. 그런 사람들을 요즘에는 불안장애 환자라고 부른다.

우리가 길을 건널 때 갑자기 자동차가 요란스레 경적을 울리며 질주해 온다고 상상해 보자. 만약 우리가 아무런 불안도 느끼지 않는다면 틀림없이 목숨을 잃게 될 것이다. 하지만 본능적으로 그 순간에 자신의 투쟁-도피 반응이 일어나서 재빨리 안전하게 몸을 피할 것이다. 이것은 아주 간단하면서도 명백한 사실을 증명하는데, 즉

불안과 공황의 실제

불안이나 공황은 기본적으로 **우리를 보호해 주는 것이지 해치는 것이 결코 아니라는 사실**이다.

따라서 공황의 모든 요소들(신체 증상과 생각, 행동 등)은 우리를 위험으로부터 보호하는 데 필요한 즉각적인 조치를 취하도록 자신을 준비시키는 것이다. 만일 그것이 정상적인 방향으로 작동했다면, 예컨대 우리가 질주해 오는 차를 피해서 재빨리 길을 건넜다면, 자신을 되돌아보고 앞으로는 길을 건너기 전에 좌우를 확실히 살펴보아야겠다는 생각을 마음에 새겨 두고 실제로 그렇게 할 것이며, 자신의 심장이 왜 그렇게 빨리 뛰는지, 몸이 왜 떨리는지 등에 대해서는 크게 걱정하지 않은 채 그냥 자신의 일을 계속할 것이다.

하지만 실제로 이렇게 두려워할 이유가 뚜렷이 없는 상황에서도 이런 반응이 일어나는 경우가 있는데, 이것이 바로 공황장애 환자들이 경험하는 공황이다. 공황이 도대체 왜 일어났는지 알 수 없기 때문에 불안과 공포가 걷잡을 수 없이 증폭되어 아주 견디기 힘든 상태에까지 이르게 된다. 만일 평소부터 어떤 병에 걸리지 않을까 하고 계속 걱정해 왔다면 그런 공포와 불안은 더욱 가중될 것이다. 이런 경우에 공황이 정상적인 반응이라는 생리학적 기전을 정확히 이해하고 있다면 걷잡을 수 없는 공포는 피할 수 있을 것이다. 그러므로 공황장애의 치료에는 공황 현상, 다시 말해서 공황의 생리적 현상에 대한 정확한 이해가 필수적이라 할 수 있다.

공황의 생리적 측면-자율신경계 작동에 대한 이해

한 개체가 의식적이건 무의식적이건 위험을 감지하거나 예견하면, 대뇌는 자율신경계(autonomic nervous system)라고 하는 신경 조직으로 이에 대한 정보를 보낸다. 자율신경계는 교감신경계(sympathetic nervous system)와 부교감신경계(parasympathetic nervous system)의 두 부분으로 이루어져 있다.

이 두 신경 체계는 어떤 행동의 준비 단계에서 신체의 에너지 수준을 조절하는 데 관여한다고 알려져 있다. 다시 말해서, 교감신경계는 에너지를 방출하고 신체가 행동할 준비를 시키는 응급 투쟁 및 도피 반응 체계이고, 반대로 부교감신경계는 신체가 정상 상태로 되돌아오게 하는 회복 체계인 것이다.

여기서 한 가지 중요한 점은 교감신경계는 대체로 양자택일적 시스템이라는 것이다. 다시 말해, 일단 교감신경계가 활성화되면 교감신경계의 모든 부분이 한꺼번에 반응을 하게 된다. 이 때문에 교감신경계의 모든 증상이 일시에 나타나든지 아니면 증상이 전혀 나타나지 않든지 둘 중의 하나의 상태가 되는 것이다. 신체의 일부에만 변화가 일어나는 경우는 드물다. 이 점은 공황이 일어날 때 왜 한두 가지 증상이 아닌 수많은 증상들이 동시다발적으로 일어나는지를 잘 설명해 준다.

교감신경계의 주요한 기능 중 하나는 콩팥에 붙어 있는 부신에서 아드레날린과 노어아드레날린, 부신 피질 호르몬 등 스트레스 시에 발생하는 화학 물질들을 분비시키는 것이다. 이 화학 물질들은 체내로 분비된 후 흥분 활동을 지속시키기 위한 교감신경계의 전달 물질로 사용되기 때문에 교감신경계의 활동은 일단 시작되면 이 화학 물질들이 모두 없어질 때까지 일정 기간 지속된다.

실제적인 위험이 사라지고 그 위험에 동반된 감정의 동요가 가라앉게 되어 안전을 확인하면 부교감신경계가 활성화되어 아드레날린과 노어아드레날린을 파괴하면서 교감신경계의 흥분이 중단된다. 하지만 한 번 분비된 아드레날린과 노어아드레날린이 완전히 파괴되는 데는 다소 시간이 걸린다.

교감신경계가 반응을 중단한 뒤에도 화학 물질이 교감신경계 내에 얼마 동안 잔류하고 있기 때문에 그동안은 예민하고 불안한 상태가 지속된다. 그러나 이런 현상은 매우 자연스러운 것이며 전혀 해롭지 않음을 명심해야만 한다. 사실 이런 현상은 어느 정도 필요하다. 왜냐하면 야생 상태에서 외부의 위험은 다시 되돌아오는 경우가 많기 때문이다. 따라서 당분간은 언제든지 응급 반응을 재활성화시킬 수 있도록 경계를 늦추지 말아야 한다.

부교감신경계의 활성화를 통해서 신체가 안정 상태로 되돌아간다는 점을 기억하는 것이 대단히 중요하다. 왜냐하면 신체가 충분히 응급 반응을 하고 나면 결국에는 부교감신경이 활성화되어 이완 상태로 회복되어야만 공황이 야기하는 불쾌한 신체적 경험이나 불안, 공포감이 사라지기 때문이다. 즉, 교감신경계의 활동을 중단시켜 안전 상태로 회복시켜 주는 장치인 부교감신경계가 있기 때문에, 공황장애 환자들의 증상은 시간의 차이가 있을 뿐 결국에는 멈추게 된다는 사실을 명심해야 한다.

결국 공황 때 경험하는 모든 신체 감각은 실제적인 감각들이며, 생리적으로는 신체가 전력을 다해 싸우거나 도망치거나 할 때 일어나는 지극히 정상적인 현상들이다. 따라서 이 모든 감각들이 다 마음에서 일어나는 일이라고 주장할 수는 없다. 다만 문제는 그것이 왜 일어나는가 하는 점이며 이에 대해서는 차차 설명하기로 하겠다.

심혈관계 효과

교감신경계가 활성화되면 심장박동이 빨라지고 강해진다. 그 결과 혈류가 빨라져서 보다 많은 에너지를 조직에 공급하고 노폐물을 신속히 제거하게 되는데, 이는 우리가 응급 활동을 준비하는 데 매우 중요하다.

또한 혈액 공급의 변화도 일어나는데 싸우거나 도망치는 데 혈액이 더 필요한 곳(뇌, 팔과 다리의 큰 근육 조직)에는 혈관을 확장시켜 피가 많이 가게 하고, 혈액이 필요치 않은 조직(주로 말초 조직)에는 혈관을 좁혀서 피가 적게 가게 한다.

예를 들면, 피부나 손과 발로 가는 혈액이 줄어드는 것이다. 이것은 뇌나 팔과 다리의 큰 근육들처럼 우리가 위험에 맞서 싸우거나 도망가는 데 중요한 핵심 기관이 더 활발히 활동하도록 도와서 우리의 생존 가능성을 높여 줄 뿐 아니라 신체의 말초 부분이 공격을 받아 상처를 입었을 때도 혈액의 손실을 줄여 주는 효과가 있다. 위험에 맞서 싸우거나 도망가는 상황에서는 보통 말초 조직이나 사지에 상처를 입는 경우가 많기 때문에 그런 신체 부위로 가는 혈류가 감소되었을 때 혈액의 손실이 줄어들게 되는 것이다.

심장박동이 증가하고 혈류가 재분포되는 것은 위험에 맞서게 되었을 때 필요한 현상이다. 그 결과 여러 가지 신체 감각이 느껴지게 된다. 즉, 피부가 창백해지고 손발이 차가워지며 때때로 손이나 발의 힘이 떨어지거나 감각이 없어지고 따끔거리며 저리기도 하는 것이다. 또한 날씨가 따뜻한 날에도 한기를 느낄 수 있다. 이런 신체 감각은 위험에 직면했을 때 정상적으로 나타나는 반응이며 결코 우리 몸을 해롭게 하는 반응이 아니라는 점을 인식하는 것이 중요하다.

때때로 어떤 사람들은 불안이나 공포를 느꼈을 때 몸이 차가워지는 느낌 대신 뜨거워지는 느낌을 갖게 되는 경우도 있다. 불안한 상황에서 얼굴이 갑자기 빨갛게 변하는 것은 공포나 공황이 갑자기 밀려와서 혈류가 재분배되기 전에 교감신경계가 활성화됨으로써 뇌에 갑자기 혈액이 몰리면서 일어나는 현상이다. 반면에 서서히 진행되거나 오랜 기간 동안 불안이 지속되는 경우는 혈류가 재분배되면서 오한이 생기기도 한다.

호흡계 효과

응급 반응은 호흡의 속도와 깊이도 변화시킨다. 외부의 위험으로부터 개체를 보호하기 위해 조직이 활동하는 데 더 많은 산소가 필요하기 때문에 호흡의 속도가 증가한다. 이를 과호흡이라고 한다.

과호흡은 운동을 하거나 싸우는 등의 산소를 필요로 하는 상태에서는 적절한 호흡 활동이지만, 공황 증상처럼 신체가 에너지를 필요로 하는 상태가 아님에도 불구하고 과호흡을 하기 때문에 내쉬는 숨을 통하여 이산화탄소는 빠져나가고, 들이쉬는 숨을 통하여 혈중으로 들어 온 산소가 필요한 양보다 훨씬 많아지기 때문에 문제가 되기 시작하는 것이다.

산소는 인체에 필요한 성분이기는 하지만 혈중 산소 농도가 필요 이상으로 높으면 세포에 독성으로 작용하기 때문에 뇌신경계를 보호하기 위해서 혈중 산소 포화도가 높아진 피가 뇌로 가는 것을 센서를 통해 발견하고는 경동맥을 일시적으로 차단하여 뇌를 보호하려 한다. 이럴 경우에 주관적으로는 시야가 흐려지고, 어지러우면서 머리가 멍한 느낌을 경험할 수 있다. 과호흡이 시작되면 우리 신체는 보상기전이 일어나서 호흡의 속도를 줄이려 하기 때문에 그 결과 호흡이 중단될 것 같고 숨이 막히는 느낌과 가슴 부위의 통증, 죄어드는 느낌이 발생하게 된다.

또한 말초세포들에게 헤모글로빈이 산소를 운반해서 공급하는데 과잉산소를 운반하는 헤모글로빈은 오히려 세포에게 산소를 주지 못하고 꽉 붙들어서 결과적으로 말초세포는 저산소 상태가 된다. 그 결과 손과 발이 저리고 감각이 무뎌지며 심하면 마비감과 함께 꼬이게 되어 간혹 간질로 오인하기도 한다. 그러나 이것은 위험에 직면했을 때 생기는 불쾌한 신체적 변화일 뿐 우리 신체는 항상성을 유지하기 위한 보상기전이 발동하여 과호흡을 멈추고 정상화시키기에 결코 위험한 것이 아니다.

과호흡에 관해서는 5장 '복식 호흡과 근육 이완법'에서 보다 자세한 설명을 참조하기 바란다.

땀샘에 대한 효과

응급 반응 시에는 땀을 많이 흘리게 된다. 이 역시 중요하고 유용한 반응인데, 응급 반응 시에는 싸우거나 도망치기 위해 에너지가 필요하고 이런 에너지의 발생은 열을 발생시키며, 이 열은 체온을 증가시킨다. 우리 인체는 정상적인 체온을 36.5~37.5도 사이에서 유지하는데, 체온이 2~3도만 올라도 우리 신체는 위험 반응으로 간주하고 땀을 흘려서 신체를 시원하게 냉각시키는 것이다.

그런데 땀을 흘리는 것은 이런 체온의 조절 효과 이외에도 투쟁-도피 반응 시에 피부가 미끌미끌해져서 적이 자신을 붙잡기 어렵게 하는 생존의 기능까지도 하는 것으로 유추된다.

침샘에 대한 효과

소화 기능에 필요한 타액은 응급 반응에는 필요가 없기 때문에 교감신경의 흥분은 침샘을 말려서 타액의 분비를 감소시킨다. 따라서 불안 증상을 가진 사람들이 입이 마르고 심지어 입이 바짝 탄다고 호소하는 것은 당연한 결과다.

기타 신체 효과

교감신경계의 흥분은 각성 체계를 활성화시키는데, 이로 인해 여러 다른 효과가 나타나지만 그 어느 것도 해롭지는 않다. 예를 들면, 교감신경계의 활성화는 동공을 확장시키고, 이는 눈동자가 커짐으로써 시야가 넓어져서 외부의 적을 보다 잘 볼 수 있도록 해 주지만 반대로 눈이 부시게 되기도 한다.

우리 신체의 횡격막 아래에 있는 복강 내부의 장기들은 주로 소화 작용, 배설 작용, 생식 작용 등을 하는 기관이다. 따라서 전투 모드가 되면 복강 내부의 장기들에 분포된 혈관을 수축시켜서 혈액을 보내지 않는다.

위장, 소장, 대장, 간, 콩팥, 방광, 항문, 생식기 등의 장기들은 기능을 최소화하고 위험이 사라질 때까지 그 기능을 중지하는 것이다. 따라서 소화 기능의 저하로 메스꺼움, 거북함, 변비 등도 나타난다. 불안할 때 음식을 먹으면 쉽게 체하거나 위경련을 일으키는 이유도 이런 기전에서 연유하는 것이다.

공황의 행동적 측면

앞서 언급했듯이 응급 반응 때 신체는 공격을 감행하거나 도망을 가기 위해 준비한다. 따라서 이런 반응이 일어날 때 자신이 현재 있는 그곳(그곳이 어디든)으로부터 도망가고자 하는 강렬한 욕구가 일어나는 것은 당연하며, '여기서 뛰쳐나가야만 한다.'고 생각하게 되는 것이다.

일례로, 교회나 성당에서 예배를 보거나, 극장에서 영화를 볼 때에 공황장애가 있는 환자들 중 일부는 주로 가장자리에 앉으려 한다. 이유는 여차하면 바로 그 장소를 벗어나야 하기 때문이다. 어떤 이유로 인해 빠져나가기가 어렵거나 불가능할 경우는 그 탈출하고자 하는 욕구는 더욱 강력해지고, 그 결과 발을 동동거리거나 사방을 두리번거리는 등 안절부절못하게 될 것이다. 결국, 광장공포증은 이런 공황의 행동적 측면이 극대화되어 나타나는 문제인 것이다.

공황의 인지적 측면

인지적으로 응급 반응의 가장 중요한 효과는 개체가 위험의 가능성을 알아차리도록 하는 것이다. 그래서 개체가 위험의 가능성을 알아낼 수 있도록 주의를 즉각적으로 돌리게 한다. 이것은 응급 반응의 중요한 부분으로서 하던 일에 집중하지 않도록 하여 위험이 될 만한 주위 상황을 탐지하게 된다. 때론 분명한 위험을 발견하지 못할 수도 있다. 하지만 불안감에 대한 이유가 발견되지 않으면 두뇌는 우리 자신을 탐색하게 된다. 즉, 불안감을 일으킬 만한 이유가 주변 상황에 없을 때에는 자신에게 문제가 있다고 결론 내리고, '내가 죽어 가고 있거나, 조절 능력을 상실하고 있는 것이 틀림없다.'라는 등의 이유를 만들어 낸다. 불안감에 대해 이렇게 부정적인 해석을 하게 되면 두려움은 점점 증폭되면서 공황 상태까지 이르게 되는 것이다. 이미 언급한 것처럼 투쟁-도피 반응의 목적은 개체에게 해를 끼치는 것이 아니라 보호하려는 것이기 때문에 다른 이유를 계속 찾아내려고 할 필요는 없다.

만약 어떤 사고나 신체적 공격과 같은 분명한 위협에 직면해서 응급 반응이 활성화되면, 그 상황에서 나타나는 감정은 공황과 다르다. 왜냐하면 그때는 공포에 대한 공포, 즉 공황이 일어날 것에 대한 두려움이 없기 때문이다. 공포에 대한 공포에 대해서는 나중에 다시 설명할 것이다.

지금까지 공황의 원인 이론들을 살펴보았고, 그것들이 어떻게 상승작용을 해서 불안과 공황을 일으키는지 알아보았다. 그러나 놀라거나 두려워할 이유가 아무것도 없는데 왜 투쟁-도피 반응(응급 반응)이 일어나는지에 대해서는 설명을 듣지 못했다. 이런 응급 반응이 왜 아무런 이유 없이 반복해서 나타나는 것일까?

광범위한 연구 결과에 따르면, 공황 환자들이 놀라고 두려워하는 이유는 응급 반응 시에 실제로 경험하는 신체 증상 때문으로 보인다. 공황은 다음과 같은 순서대로 일어난다고 볼 수 있다. 우선, 응급 반응의 특징인 예측 불가능한 갑작스런 신체 증상을 경험하게 되고, 그 후 아주 놀라는 심리적 반응을 보인다. 놀라는 심리적 이유는 간단하다. 앞서 논의한 대로, 응급 반응이 일어나면 우리의 두뇌는 위험이 어떤 것인지 찾아내려고 한다. 외부에서 뚜렷한 위험이 발견되지 않을 경우, 우리 내부에서 원인을 찾으려 하며 '내가 죽어 가고 있거나 조절 능력을 상실한 것이다.'라는 등의 이유를 '만들어' 낸다. 또한 신체 질병이나 심장마비 등에 대한 두려움이 이미 마음속에 자리 잡고 있던 상태였다면, 이러한 것들이 위험의 원인으로 부각된다. 당연히 이 생각들은 두려움을 유발시킨다. 누구나 곧 죽거나 자제력을 잃을 것 같다는 생각을 하게 되면 두려움을 느끼게 되는 것이다.

두려움을 유발시키는 생각들은 투쟁-도피 반응, 즉 교감신경계를 활성화시킨다. 실제 존재하는 위험이 아니라 위험이 일어날 것 같다는 생각만 해도 이런 반응이 나타나게 된다. 공황의 신체 감각을 경험하면 그 감각에 대한 두려움이 생겨나게 되며 결과적으로 신체 감각이 강화되고 두려움도 커지는 것이다.

이러한 두려움을 유발시키는 생각들이 '100% 안전하다는 믿음'으로 바뀌어야만 **부교감신경계가 활성화되어 신체는 안정과 평화를 되찾게 되는 것이다.**

공황은 공포증과 유사하다. 하지만 공포증의 경우는 두려움의 대상이 외부에 있지만(특정한 물건이나 다른 사람 앞에서 발표하는 것 같은 상황들), 공황의 경우는 두려움의 대상이 자기 내부에서 일어나는 신체 증상이다. 또한 공포증과는 달리 공황의 경우는 신체 감각에 대한 두려움이 불쾌한 신체 감각을 더욱 강화시킨다. 게다가 신체 감각이 언제 일어날지 항상 예측할 수도 없으며, 신체 감각으로부터 도피하는 것 또한 불가능하다. 반면 동물에 대한 공포증을 가지고 있는 경우는 두려움을 유발시키는 대상에 대해 일반적으로 예측할 수 있고 도피할 수도 있다. 공황장애 환자들은 예측과 도피가 불가능한 신체 감각을 두려워함으로써 언제 재발하고, 재발하면 어떻게 대처해 나갈 것인지에 대해 많은 불안감을 가지게 된다.

요약하면, 공황은 신체 감각을 죽거나, 미치거나, 자제력을 잃거나, 심한 망신을 당하는 것에 대한 신호로 잘못 해석했을 때 생겨나는 것이다. 공황을 몇 차례 반복해서 경험하면 첫 신체 증상에 자동적으로(위험에 대한 의식적인 생각이 생략된 채) 반응해서 불안과 공포가 나타날 수 있는데, 좋지 않은 경험을 유발시킨 신체 감각에 대해 자동적으로 두려움을 갖게 되는 것을 '자극 조건화'라고 한다. 바로 이 점 때문에 공황이 자동적이고 예측 불가능하게, 마른 하늘에 날벼락 치듯 일어난다고 생각하게 되는 것이다.

행동에서도 비슷한 자동성이 나타난다. 자전거를 타거나 운전을 배우는 것을 생각해 보자. 처음에는 한 동작 한 동작을 익히기 위해 많은 집중과 훈련이 필요하다. 점차적으로 그러한 동작들이 자동화되면서 의식적으로 어떻게 할 것인지에 대해 생각하지 않고도 자전거를 타거나 운전을 할 수 있는 것이다. 즉, 때로는 여러분이 위험과 관련된 생각(예를 들면, '심장마비가 왔다.' 등)을 스스로 알 수 있는 경우도 있지만, 어떤 때는 그런 생각이나 심지어는 공황을 유발하는 신체 증상들조차 직접적으로 인식하지 못한 상태에서 공황을 경험하는 경우가 많아지는 것이다. 사실 신체 감각은 매우 포착하기 어려운 경우가 많아 공황을 일으킨 감각이 무엇인지 완전히 알 수는 없다. 신체 감각을 잘못 해석하고 두려움을 가지는 것이 공황을 예측할 수 없으며 제어할 수도 없다고 생각하게 만든다. 하지만 즉각적으로 알아차리지 못하는 경우라도 공황을 일으키는 촉발 요인은 반드시 존재한다는 것을 명심해야만 한다.

공황이 일어나는 첫 단계(갑작스런 신체 감각)는 이해하기 쉽지 않다. 그렇다면 왜 특별히 놀랄 만한 일이 없는데도 응급 반응의 신체적 증상들이 일어나는 것일까? 그 답은 스트레스와의 관계에서 찾아볼 수 있다. 앞에서도 말했지만, 살아가면서 어떤 스트레스를 받을 경우 체내에서 아드레날린이나 그 외의 화학물질들이 분비되고 이들은 시시각각 이런 저런 증상들을 일으킨다. 이것은 우리 신체가 각성상태를 유지하고, 스트레스를 다룰 준비나 그 밖의 어떤 행동을 취하려는 자연스런 방식이다. 그러나 이런 교감신경계의 흥분으로 발생한 신체적 증상은 응급 반응으로 이어질 수 있다. 따라서 스트레스는 그 자체로도 응급 반응을 일으킬 수 있으며, 어렸을 때 공포나 불가항력적인 일을 많이 당한 경험이 있던 사람들이나 현재 그러한 상황에 놓여 있는 사람에게는 특히나 언급된 응급 반응이 잘 일어날 수 있다. 따라서 스트레스를 경험하는 것은 스트레스에 대한 인체의 화학적 반응과 함께 뒤얽혀 실제 응급 상황이 아닌 경우에도 응급 반응이 나타날 수 있다.

또 하나 중요한 것은 일단 공황에 대한 예기 불안이 시작되면, 그것은 스트레스에 대한 신체 증상을 강화시켜서 앞으로 닥쳐올 공황의 신호(신체 증상들)에 더욱 과민하게 만든다는 것이다. 즉, '혹시 이런 신체적 감각이 공황이 오는 전조 증상이 아닐까?'와 같은 생각을 반복하며 끊임없이 자기 신체를 탐색하고, 따라서 평상시 같았으면 무심코 지나쳤을 사소한 감각도 놓치지 않게 된다. 그리하여 예기 불안과 탐색, 신체 증상과 공황, 예기 불안의 강화 등등으로 악순환이 시작되는 것이다.

응급 반응의 신체적 증상들이 갑자기 발생하게 되는 또 다른 이유가 있다. 앞에서 언급했던 자극 조건화 반응을 생각해 보라. 공황을 일으켰던 첫 번째 자극과 유사한 자극이 공황을 일으키는 것처럼 조건화 반응은 자극이 일반화되는 원리를 따른다. 작은 다락방에 갇혔을 때 생긴 폐쇄 공간에 대한 두려움을 예로 들어 보자. 자극이 일반화되면 유사한 상황, 즉 엘리베이터, 터널, 화장실, 자동차 같은 곳에 있는 것도 두려워하게 된다. 공황에 대한 신체 감각에 두려움을 가지고 있는 사람은 유사한 감각을 일으키는 상황까지도 두려워하게 된다. 이 때문에 공황장애 환자들은 카페인, 운동, 덥고 습한 기후, 화가 나거나 흥분하는 것에 대해 두려움을 갖게 되는 것이다.

　이상의 내용을 요약하면, 공황 때 경험하는 신체적 증상은 위험으로부터 개체를 보호하려는 '응급 반응'이다. 누구나 위험에 직면하면 이런 반응을 일으킬 수 있으며, 위험으로부터 자신을 보호하기 위해서는 반드시 이런 반응이 일어나야만 한다. 응급 반응과 관련하여 여러 신체적, 행동적, 인지적 변화가 일어난다. 중요한 것은 일단 위험이 사라지고 난 후에도 이들 변화 중 상당수가 지속되는데, 특히 신체적 변화는 학습이나 기타 만성 각성 효과 등에 의해 오랜 시간 계속될 수 있다. 뚜렷한 이유 없이 신체적 증상이 지속되면, 사람들은 그런 정상적 응급 반응을 심각한 신체적, 정신적 문제를 의미하는 것으로 잘못 해석하기 쉽다. 이런 경우, 그 신체 감각들을 위협적인 것으로 해석하게 되고, 그 결과 또다시 총체적 응급 반응을 초래하게 된다.

응급 반응에 대한 오해와 편견

　응급 반응에 대한 우리의 오해나 편견에는 어떤 것들이 있는지 알아보고 정확하게 짚고 넘어가도록 하자. 공황에 대한 오해와 편견은 예기 불안과 공황을 더욱 악화시킬 뿐이다. 우선, 여기서는 간단히 살펴보고 넘어가기로 하고, 잘못된 생각들에 대해서는 나중에 보다 자세히 다루도록 하겠다.

미치는 것이 아닌가

응급 반응의 신체적 증상을 경험하면서 자신이 미쳐 버릴지도 모른다고 믿는 사람들이 많다. 그들은 흔히 조현병(정신분열병)이라고 알려진 심한 정신장애를 연상한다. 하지만 조현병은 환청, 망상, 지리멸렬한 생각과 말, 행동 등 심한 정신증상을 동반한다. 그리고 조현병은 서서히 발병하며 공황처럼 갑자기 발병하지 않는다. 또한 유전적 요소가 강하기 때문에 그런 소인을 갖고 있는 소수의 사람에게만 생기며, 그렇지 않은 사람의 경우는 스트레스를 아무리 받아도 이 병에 걸리지 않는다. 또한 정신과 전문의와 면담을 했다면 조현병인지 아닌지가 이미 확실해졌을 것이다.

자제력을 잃는 것이 아닌가

어떤 이들은 공황 때 자신이 자제력을 잃고 말 것이라고 믿는다. 이는 몸이 완전히 마비되어 움직일 수 없거나 이성을 잃고 난폭해진 나머지 자기가 무슨 짓을 하는지도 모르면서 거리를 뛰어 다니거나, 다른 사람을 해치거나, 소리를 지르는 것을 의미한다. 아니면 무슨 일이 벌어질지 정확히 예측할 수는 없지만 무언가 나쁜 일이 벌어질 것 같은 느낌에 휩싸이는 것을 말한다. 이 문제에 대해서는 이미 설명했기 때문에, 우리는 이런 느낌이 어디서 오는지 쉽게 알 수 있다.

응급 반응 때는 우리 몸 전체가 어떤 행동을 할 준비가 되어 있고 탈출하려는 강렬한 욕구를 느끼게 되지만, 응급 반응의 목적은 다른 사람들을 해치는 것도 아니며 몸을 마비시키려는 것도 아니다. 다만 잠재적 위험으로부터 안전하게 벗어나려는 것이다. 공황 때 난폭해졌던 환자는 한 명도 없다. 응급 반응 때 다소 혼란되고 비현실감이 들거나 산만해질 수는 있지만, 그럼에도 불구하고 정상적으로 생각하고 기능할 수 있다. 오히려 응급 반응 때 어떤 특정 행동을 취할 경우는 평상시보다 더 빨리, 더 분명하게 생각하고 신체적으로도 더 강해지며 반사반응도 빨라진다. 일례로, 자기 아이를 구하기 위해 매우 위험한 상황에서 대처해 나가는 엄마를 생각해 볼 수 있다.

자신이 스스로를 조절하지 못할 것 같은 느낌이 강하게 든다고 호소하는 환자들이 있다. 어떤 환자는 직장을 구하기 위해 면담을 하러 차를 몰고 가던 중 공황이 일어나서 곧장 차를 돌려 남편의 직장으로 갔다. 그녀는 이런 행동이 스스로 자제력을 잃은 증거라고 간주했다. 하지만 사실은 정반대로 그녀는 완벽한 조절 하에 있었던 것이다. 왜냐하면 공황을 경험한 상황에서 그녀는 위험을 벗어나기 위해 적절한 행동(도피 행동)을 했기 때문이다. 실제로는 아무런 위험이 없었음에도 불구하고 탈출하려는 시도를 했던 것이 문제일 뿐 이것이 자제력 상실의 증거가 되지는 않는다.

응급 반응에 대한 오해와 편견

신경이 손상 또는 소모된 것이 아닐까

많은 사람들은 공황 증상을 '신경이 지쳐서 손상되었다.' 혹은 '자율신경이 완전히 소모되었다.'라고 결부 짓곤 한다. 앞에서 얘기했듯이 응급 반응은 교감신경이 나를 보호하기 위해서 하는 활동이며, 부교감신경이, 교감신경이 완전히 소모되는 것으로부터 보호해 주는 역할을 한다. 신경은 전깃줄과는 다르며, 따라서 불안으로 손상되거나 소모되지 않는다. 또한 공황이 반복되면 될수록 신경이 다 소모되어 작동 불능상태에 빠질 것이라는 걱정도 사실과 다르다. 오히려 심한 국가적 위기, 천재지변, 전쟁 때는 스트레스를 다루기 위해 심리적으로 더 강해지는 반대급부의 경향이 있어서 심리적 문제의 발생률이 별로 증가하지 않는다.

심장마비로 죽지는 않을까

공황 때 자신이 심장마비로 죽어 가고 있다고 믿는 사람들이 많은데, 이것은 심장마비에 대한 지식이 없기 때문이다. 그래서 심장병의 증상이 공황과 어떻게 다른지 알 필요가 있다. 심장병의 주요 증상은 빈맥과 기절, 흉통과 숨이 차는 것 등이다. 이런 증상은 운동과 직접적인 관련이 있는데, 운동을 심하게 할수록 증상이 더 악화되고 휴식을 취하면 증상이 호전된다. 반면 공황은 예측할 수 없으며 휴식을 취하고 있을 때도 일어난다. 또 심장질환은 거의 예외 없이 심전도에 이상 소견이 분명하게 나타나지만, 공황 때는 심장박동 증가외에는 아무런 이상 소견도 나타나지 않는다. 따라서 의사가 아무 이상이 없다고 했으면 심장질환은 없는 것으로 안심해도 된다.

공황장애를 경험하는 사람들이 잘못 생각하는 또 하나의 오해는 공황이 반복적으로 일어났을 때 심장마비나 다른 심각한 신체 질병이 생길 위험성이 증가한다는 것이다. 만성적인 스트레스나 긴장으로 나이가 들어갈수록 심혈관계나 뇌혈관계 질환의 발병 위험성이 증가하는 것은 사실이지만 만성적인 스트레스나 긴장은 공황과 양상이 다르다고 할 수 있다. 공황은 교감신경계의 활성화로 각성을 일으키며 운동 시 나타나는 각성과 여러 가지 면에서 유사하다. 중요한 것은 공황이 질병의 위험률을 증가시킨다는 증거가 없다는 점이다.

그러나 공황에 대한 만성적인 불안으로 인해 신체적 문제들이 야기될 가능성은 존재한다. 만성 불안은 질병의 위험성을 증가시키지만 나쁜 생활 습관(과다한 지방질 식사, 운동 부족, 흡연, 물질 남용)으로 야기되는 건강상의 문제점보다 위험의 정도가 크다고 할 수 없다.

기절하지 않을까

'기절하지 않을까'와 같은 생각도 공황장애 환자들에게 흔히 나타나는 두려움이다. 현기증이나 머리가 가벼워지는 증상들을 기절의 전조 증상으로 잘못 해석했을 때 기절에 대한 두려움이 주로 나타난다.

공황을 경험할 때는 기절할 수가 없다. 공황이 일어날 때의 생리기전과 기절할 때의 생리기전이 서로 상반되기 때문이다. 공황은 교감신경계 활동의 항진, 즉 심장박동의 증가로 나타나며 이럴 때에는 혈압도 순간적으로 200이상 올라갈 수 있다. 하지만 자율신경계의 활동이 저하되어 나타나는 기절은 저혈압이 있는 환자나 스트레스를 받아 혈압이 현저히 저하되는 사람에게서 나타난다.

기절이라는 현상은 일시적으로 혈압이 60 이하로 떨어져서 뇌까지 원활하게 혈액이 공급되지 못하고 중력의 영향으로 혈액이 몸 아래쪽으로 쏠리게 되므로, 내 몸이 나를 살리기 위해서(뇌로 혈액을 공급하기 위해서) 일부러 몸을 쓰러뜨리는 것이다. 즉, 기절하는 것은 신체가 정상 기능 수준으로 돌아가도록 하는 유용한 기전이라는 것을 아는 것이 무엇보다 중요하다. 다시 말하자면, 공황이 일어날 때에는 혈압이 200 이상 올라가기에 기절하고 싶어도 기절할 수가 없는 것이다.

응급 반응에 대한 오해와 편견을 버리자

앞서 언급한 다섯 가지 반응 이외에도 공황이 발생할 것에 대한 걱정이나 공황 시에 경험했던 여러 가지 공포가 존재할 수 있다. 때로는 그런 공포가 거의 습관화되어서 알아차리기 힘든 경우도 있다.

만일 자신이 공황 때 느끼는 증상에 대해 두려움을 갖고 있다면 스스로 자문해 보자. 어째서 공황이 오면 그런 일이 벌어질 것이라고 생각하는지, 그리고 그 결과가 무엇이었는지? 이런 의문에 대해서는 앞으로 자세히 다루겠지만 이제부터라도 스스로에게 질문을 시작하자. 내가 갖고 있는 오해나 편견은 어떤 것인가? 그것이 옳지 않다는 여러 가지 증거에도 불구하고 여러분이 그런 오해와 편견을 버리지 못하고 있다면, 그런 믿음들이 어떻게 불안과 공황 반응을 상승시켜 나가는지 한번 생각해 보자.

잘못된 해석이 어디에서 출발하는지를 아는 것이 필요하다. 대부분의 사람들은 위험하다는 느낌을 초래하는 외부적 원인이 무엇인지 이유를 알려고 하는 경향을 갖고 있다. 그리고 그것이 불분명할 때 자연히 우리 내부에서 그 원인을 찾으려 하고, 결국 공황을 어떤 신체적 혹은 정신적 문제 때문이라고 생각하기 쉽다. 그런 해석에는 여러분이 다른 사람들로부터 받은 정보가 많은 영향을 준다.

예를 들어, 어떤 의학 사전에는 공황이 정신병적 상태에 이를 수 있는 심한 불안감이라고 설명되어 있다. 이것은 물론 잘못된 개념 정의다. 하지만 의학이나 심리학에 대해 충분한 지식이 없다면, 이런 잘못된 설명이 '공황 상태가 일어나면 미쳐 버리게 되는 것은 아닐까'하는 강한 공포심을 갖게 하는 근거가 된다. 만일 공황이 정신병으로 연결될 수 있다는 두려움을 계속 지니고 있다면, 공황 경험이 너무 끔찍한 일로 여겨지고, 공황이 오지 않을까 미리 불안해하고, 공황을 피하려고 애를 쓰는 것은 당연할 수밖에 없을 것이다.

여러분은 지금까지 나름대로 공황을 피하기 위해 여러 가지 방법을 사용해 왔을 것이다. 과거에 공황이 발생했던 장소 혹은 그와 유사한 장소나 상황을 회피하는 것도 이에 포함된다. 또 공황 때 느꼈던 신체 감각과 비슷한 감각을 일으키는 행동이나 활동을 회피하기도 한다. 이 때문에 커피를 마시거나 무서운 영화를 보거나 심하게

083

응급 반응에 대한 오해와 편견

운동하는 것을 피하게 된다. 그러나 불행히도 공황을 피해 보려는 지속적인 노력은 오히려 더 긴장상태로 빠지게 한다. 이 책을 통하여 공황을 해결하는 확실한 방법을 배워 보자.

chapter **03**

공황장애의
만성 증상

공황장애를 가진 환자들 중에는 잔병치레를 자주한다고 말하는 환자들이 있다. 툭하면 여기저기 아프고, 감기 몸살 같은 것은 시도 때도 없이 달고 산다고 호소한다. 이것은 공황장애 환자들이 스트레스에 취약한 체질을 타고났기 때문일 수 있다. 교감신경계가 과민한 체질을 가지고 태어났다는 것은 많은 면에 취약하다는 것을 의미한다. 우선 면역계가 약해져서 병에 걸리기 쉽고, 심혈관계 질환이나 근골격계 질환에도 취약하며 통증에도 민감하다.

　우리의 교감신경계는 스트레스를 받으면 활성화되어 우리 몸을 전투모드로 만들어 스트레스에 잘 대처하게 만들고 스트레스 상황이 종료되면 부교감신경계를 활성화시켜서 평화모드를 유지하게 한다.

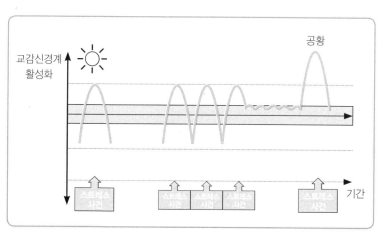

[그림 1] 교감신경계의 비정상적 활성화

그런데 공황장애를 가진 환자분들이 꼭 알아야 할 중요한 사실이 있다. 공황장애를 가진 환자분들의 교감신경은 스트레스에 반복적으로 반응하다가 어느 순간부터 스트레스가 해결된 후에도 기저점으로 떨어지지 않는다는 것이다(그림 1) 참조). 즉, **교감신경이 활성화될 필요가 없는 상황에서도 에너지를 사용하며 신체대사를 항진시키는 역할을 하며 지내게 되는 것이다.** 비유를 들자면, 겨울에 추워서 틀어 놓았던 보일러의 온도 조절 장치가 고장이 나서 한 여름에도 보일러를 틀어 대고 있는 모양새와 같다고 할 수 있다. 이런 이유로 인해 **공황장애 환자들은 만성 증상을 겪게 되는 것이다.** 이런 만성 증상은 다양한 형태로 나타나서 환자들의 삶을 고통스럽게 만든다.

싸우거나 도망칠 때 필요한 근육 조직들은 수축하여 잔뜩 긴장하며, 경우에 따라서는 통증과 떨림을 느끼기도 한다.

응급 반응은 신체의 모든 대사 활동을 증가시키고 많은 양의 에너지가 소모되므로 피로를 느끼고 결국 탈진하게 되는 것이다. 응급 반응 상황에서는 위험 감지가 중요한 과제이므로 과각성 상태가 되어 신체 내부와 외부로부터의 위험 요인을 찾는 데 주의가 집중된다. 이런 과각성 상태는 마치 집에 도둑이 들고 난 뒤에 다시 도둑이 들지 못하도록 잔뜩 긴장하게 되는 것과 같은 상태로 경보 장치가 작동하는 것과 같다.

이런 과각성 상태는 임상적으로 흥미 있는 상태를 초래하기도 한다. 즉, 공황장애 환자들 중에는 병이 나기 전과는 달리 책을 읽은 다음에 책을 덮으면 읽은 내용들이 기억나지 않거나, TV를 분명히 보고 있었는데도 옆의 사람이 내용을 물으면 생각이 나지 않는다는 말을 자주 하면서, 공황장애가 걸리면 치매도 빨리 오냐고 묻는다. 그런데 치매의 경우는 뇌신경 세포가 파괴되는 것으로 실제로 기억장애가 초래되는 것이지만, 공황장애의 경우 뇌신경 세포는 건강한데 비해 주의 집중이 주로 신체의 위험 신호를 찾는 데 주어지기 때문에 내용을 기억하지 못하게 되는 것이다. 물론 공황장애가 잘 치료되면 이런 현상들도 회복된다.

이런 만성 증상의 고통에서 벗어나는 방법은 인지행동치료에서 배운 대로 자신을 고통스럽게 만드는 마음의 밑바닥에서 문제를 찾아 변화를 시키고, 정신적 이완을 유지하는 것이다. 또한 신체를 이완시키는 복식 호흡법이나 근육 이완 훈련법 등의 신체 조절법들을 배우고 꾸준히 생활화해서 부교감신경계가 활성화되도록 만드는 것이다. 단기간에 달성되기는 어렵지만 꾸준히 노력해 가면 달라질 수 있다.

다음은 공황장애 환자들이 흔히 경험하는 만성 증상으로서 다양한 신체 증상과 그와 관련해서 염려하는 여러 가지 질환에 대해 간단히 소개하겠다.

●

자율신경 실조증

상당히 많은 공황장애 환자들이 '자율신경 실조증'이라는 진단을 받는다. 특히, 자신이 공황장애인 줄 모르고 인터넷에서 이리저리

뒤적이다 자율신경 실조증과 자신의 증상이 대단히 유사하다고 판단하고 병원이나 한의원을 찾아가 한약을 처방받거나 신경 차단술(성상신경 절단술)을 받았다는 사람도 있다.

자율신경 실조증이란 용어는 신경정신과에서는 공식적으로 인정하지 않는 질환이지만, 일부에서는 그러한 진단을 즐겨 사용하고 있다. 특히, 한방에서 대단히 자주 사용하고 있는데 말 그대로 '교감신경과 부교감신경으로 이루어진 자율신경의 적절한 균형이 깨져서 여러 증상이 생기는 병'이라고 설명한다.

흔히 말하는 자율신경 실조증의 대표적인 증상은 다음과 같다.

- 불면 또는 수면의 질 저하
- 초조, 불안, 긴장
- 땀 흘림
- 손과 발의 저림
- 어지러움 및 현기증
- 신경통 및 근육통증(특히, 목, 어깨 등)
- 만성피로
- 호흡곤란
- 가슴 두근거림

언뜻 보면 공황장애의 신체 증상과 상당히 흡사하기 때문에 이런 증상을 설명하면서 "당신은 자율신경 실조증이다."라고 하면 그냥 덥석 믿어 버리는 환자들도 꽤 있는 것 같다. 특히, 자신이 공황장애인 줄 모르는 환자는 십중팔구 믿게 되는 것을 목격하곤 한다.

자율신경 실조증은 엄밀히 말해 정확한 하나의 진단이라기보다는 교감신경 항진 증상을 표현하는 증상군(신드롬)으로 보는 것이 타당하다.

공황장애를 정확히 치료하려면 자율신경 시스템을 잘 알아야 한다. 자율신경은 말 그대로 우리 신체를 보호하기 위해서 만들어진 장치이며, 인류의 진화와 함께 가장 많이 진화된 방어 장치라고 말할 수 있다. 사람에 따라서는 교감신경계가 잘 활성화되는 사람들이 있는데, 이런 사람들은 주로 경쟁적이고 공격적이며 다혈질이고 감성적이라고 할 수 있으며, 정신과에서는 이런 유형의 성격을 가진 사람들을 일컬어 A형 성격이라고 부른다. 교감신경계가 자주 흥분하면 심장이 뛰고 숨이 차고 땀이 나며 몸에 열이 나고 어지럽고 손발이 차거나 저리게 되고 심하면 마비감을 느끼기도 한다. 반면에 부교감신경은 교감신경의 흥분을 가라앉게 하는데, 곧 우리 몸을 안정된 상태로 되돌려 놓는 것이다. 공황 현상은 중추신경계에서 불안을 관장하는 신경계가 과민해져서 일반 사람들은 잘 반응하지 않는 미미한 자극에도 과민한 불안 반응을 보이는 것이다. 그리고 불안반응이 곧 교감신경계의 흥분을 일으키는 것이다. 흔히 공황장애 환자들의 경우 자신의 자율신경이 망가졌다고 생각하기도 하고, 유사한 설명을 다른 곳에서 듣고 찾아오기도 하지만 이것은 정확한 표현이 아니다. 아니, 환자들에게 오히려 절망감만을 안겨 줄 뿐이다. 정확하게 표현하면 자율신경이 남들에 비해서 지나치게 예민한 상태라는 표현이 적당할 것이다. 과연 그런 주장처럼 자율신경이 망가져 있다면 공황장애가 어떻게 회복될 수 있는지 반문하고 싶다. 수많은 공황장애 환자들의 자율신경 과민증상은 인지행동치료를 통해 조절할 수 있다.

만성피로

'항상 피곤하다.'라는 호소를 입에 달고 다니는 많은 공황장애 환자 중 상당수가 내과나 가정의학과를 방문하여 만성피로 증후군이라고 진단받은 경우가 많다. 그리하여 공황장애라는 정확한 진단이 있음에도 불구하고, 만성피로 증후군이라는 잘못된 진단으로 계속적인 치료를 받고 있는 환자들이 더러 발생한다. 일부 공황장애나 우울증을 앓는 환자들에서 만성피로 증후군의 증상이 공존하는 경우도 물론 발생할 수 있지만, 만성피로 증후군과 공황장애는 엄밀히 말해 전혀 다른 병이라고 할 수 있다.

만성피로 증후군은 아직까지 미국정신의학회에 정식으로 등록되어 있는 진단은 아닌데, 1988년 미국 CDC(U. S. Centers for Disease Control and Prevention)에서 제시된 진단 기준에는 6개월 이상 설명할 수 없는 극심한 피로(이러한 피로의 시작은 명확히 새롭게 시작된 피로여야 하며, 지나친 운동으로 지속되는 것이 아니고 안정으로 회복되지 않으며, 일상생활에 지장을 주는 정도여야 함)가 있어야 하며 다음의 증상 중 4개 이상의

CHAPTER 03

증상이 확인되어야 한다고 알려져 있다.

그러한 증상으로는 집중력의 감소, 인후통, 림프절의 통증, 근육통, 관절통, 새로운 형태의 두통, 수면으로 회복되지 않는 피로, 운동 후 24시간 지속되는 피로감 등이 있다. 대부분의 환자들에게 우울증이나 불안증이 동반되기도 하지만 동반되지 않는 경우도 있다고 알려져 있다. 정확한 원인은 아직까지 정립되어 있지 않으며 감염설, 면역학적 원인 가설, 인지 가설 등이 제기되고 있다.

어떤 연구에서는 만성피로 증후군의 증상을 두 가지 타입으로 크게 나누기도 한다. 첫 번째 타입은 만성피로 증후군의 전형적인 증상으로, 목이 아프고, 목이나 겨드랑이에 림프절이 붓고, 근육통, 관절통, 두통 등을 특징으로 하는 증후군이 있다. 두 번째 타입은 만성피로 증후군의 증상에는 포함되지 않는 타입으로, 허리의 통증, 소화불량, 설사, 변비, 다른 위장관의 불편감, 경미한 열감이나 오한, 설명이 안 되는 근육의 무력감, 어지러움 등의 증상을 보인다고 한다.

만성피로 증후군의 전형적인 증상 이외의 증상이 적을수록 치료의 효과가 높다. 한편 수면 시간이 너무 길지 않고, 자다가 자주 깨지 않으며, 결혼한 사람들이 치료 결과가 보다 좋다고 한다. 반면, 만성피로 증후군의 전형적인 증상 이외의 증상을 많이 겪을수록, 숙면을 취하기가 어려울수록, 지지체계가 부족할수록, 치료율이 저조한 경향이 높다고 알려져 있다.

다양한 치료 방법이 있으나 최고의 치료방법은 아직 정립되어 있지 않다. 재미있는 것은 만성피로 증후군의 치료에서 주로 항우울제를 사용하거나 항산화제를 쓴다는 사실이다. 최근에는 인지행동치료를 통하여 상당한 치료 성과를 보인다는 연구 결과가 보고되고 있다.

이렇게 만성피로 증후군에서 보이는 피로의 기전은 뚜렷하게 설명할 수 없지만, 공황장애 환자들이 보이는 피로는 다음과 같은 기전으로 설명하고 있다.

- 1단계: 불안 발생 = 무의식적 긴장 유발(또 공황을 겪을까 봐, 신체 증상에 대한 두려움, 건강염려 등)
- 2단계: 불안의 장기화, 무의식적인 긴장 상태의 장기화
- 3단계: 교감신경의 지속적 활성화 에너지 과다 소모 및 신진대사의 비효율 초래
- 4단계: 만성피로 발생

그러므로 공황장애의 피로는 교감신경의 지속적 활성화를 억제할 수 있는 인지행동치료가 현재까지 '의학적으로 증명된 공황장애 환자들의 만성피로를 제거할 수 있는 유일한 공인 치료법'이라고 할 수 있다.

공황장애로 만성피로가 느껴진다면, 먼저 인지행동치료를 통해 교감신경의 과민성을 낮추는 훈련을 하는 것이 치료의 시발점이라 할 수 있다. 만약 그것으로 효과를 보지 못할 때는 다른 방법을 시도해 볼 수도 있겠지만, 무조건 피로하다고 되는 대로 여러 방법을 시도한다면 그것은 내 몸을 가지고 인체 실험하고 있는 것과 별반 다를 게 없는 것이다.

공황장애와 신체 증상에 대한 염려

공황장애를 앓고 있는 환자들은 흔히 여러 신체적인 증상을 호소한다. 때때로 어떤 사람은 거의 온몸이 종합병원이라고 해도 과언이 아닐 정도로 여기저기 안 아픈 곳이 없다고 자신의 고통을 호소한다.

증상 정도는 실로 다양하여 일일이 언급하기가 힘들 정도다. 많이 호소하는 증상들 중 대표적인 경우가 극심한 식욕부진과 소화불량이다. 이러한 증상으로 내과에서 위장 내시경을 여러 번 해 보았다는 사람들도 허다하다. 대부분의 경우는 정상적인 소견이나 가벼운 위장염으로 판정되는 경우가 많다. 또한 이런 증상은 배안에서 꼬르륵꼬르륵 소리도 나고 배에서 심장이 뛰는 것처럼 맥이 느껴지고, 때론 복통이 느껴지는 증상을 동반하기도 한다. 마찬가지로 대장 내시경을 해 보기도 하나 대부분 정상 소견을 보인다. 그래서 내려지는 진단이 과민성 대장염이다. 흔히 주치의에게 그냥 마음을 편히 하라는 충고를 듣는 것이 고작인 경우가 많다.

이런 위장계 증상 외에도 많은 신체 증상이 있다. 지속되는 두통과 어지러움을 호소하여 수도 없는 뇌촬영 검사와 혈관 조영 검사를 받지만 대부분 "지극히 정상적이다. 스트레스를 받지 마라."라는 말을 반복적으로 확인하는 것 외에는 검사 성과가 없다.

그러나 공황장애 환자들은 자신의 증상이 이런 가벼운 질환이나 스트레스 때문에 생긴다는 의사의 설명으로는 마음을 안정시키지 못한다. 그래서 여러 가지 검사를 하기 위해 여기저기 병원을 찾아다니는 경우가 많으며, 민간-동양의학에 전적으로 의존하기도 한다.

많은 노력을 기울이지만 증상의 뚜렷한 호전이 없으면 공황장애 환자들은 새로운 정신질환을 앓기 시작한다. 이것이 익히 알려진 건강염려증이다. 이 병은 불신의 병이다. 전문가인 의사의 설명을 믿지 못하는 것이다. 대부분의 신체적 증상을 자신이 해석하지만 때론 그 해석을 자신도 100% 확신하지 못하여 계속적으로 검사를 받으면서 자신의 해석을 확대 재생산시킨다. 예를 살펴보면 다음과 같다.

- 소화가 안 되면 위염도 아니고 위암이 아닐까? 더 나은 전문가에게 내시경을 받아야 하지 않을까?
- 복통과 설사가 이어지면 대장암이 아닐까?
- 구역질과 두통, 어지러움은 뇌에 종양이 생겨서 그런 게 아닐까? 내과 대신 신경과에 가서 뇌파와 뇌 촬영을 해 보아야 하지 않을까?
- 혀에 생긴 작은 궤양은 구강암이 아닐까?
- 심장이 뻐근한 느낌과 흉통 그리고 가슴 조임의 증상은 분명히 심장에 이상이 있는 거야. 심전도 검사 한 번으로는 못 믿으니 다른 병원에서 검사를 받아 보자.
- 자주 배가 고픈 현상과 저혈당은 당뇨병의 증상이 아닐까? 언제 소변 검사와 혈액 검사를 했지? 그 사이 당뇨가 생긴 게 아닐까?
- 뒷목의 뻐근함과 어깨근육 결림은 목 디스크 현상이 아닐까?

정말 의심되는 병이라고 생각되면 여기저기 물어볼 필요 없이 불안해하지 말고 얼른 검사를 받는 것이 좋은 태도일 수 있다. 그러나 가장 바람직한 태도는 검사 전에 검사 결과를 신뢰하겠다는 마음가짐일 수 있다. 많은 돈을 들여 검사하고 나서 그 검사 결과를 믿지 않는다면 도대체 검사를 하는 이유가 없지 않은가? 반드시 큰 병이 나와야만 믿을 수 있다는 가정을 가지고 있다면 그 생각부터 교정해야 할 것이다.

흔히 환자들은 신체 증상 때문에 괴롭다고 호소한다. 그러나 자세히 살펴보면 그러한 신체 증상이 나에게 미칠 영향 때문에 그 괴로움이 증가됨을 깨닫지 못하는 경우가 허다하다. 특히, 공황장애 환자들의 경우 '공황이 다시 오는 게 아닐까' 하는 생각 때문에 괴로움을 스스로 증폭시키는 경우가 많다. '공황의 신체 증상은 시간이 지나면서 자연스럽게 소실될 수 있다.' '그리고 이런 신체 반응은 기본적으로 나를 보호하기 위한 기능이다.'라는 것을 명심한다면, 아무리 괴로운 공황과 예기 불안에 의한 신체 증상도 견뎌낼 수 있을 것이다.

그렇다면 도대체 신체 증상은 왜 나타나는 것일까? 여기에 대한 대답은 이 책의 여러 곳에 나와 있다. 이것으로도 잘 이해가 되지 않거나 좀 더 깊은 이해를 원한다면 인지행동치료를 받아 볼 것을 권유한다. 이런 과정을 통해 신체 증상이 왜 생기는지를 이해한다면 그것을 믿고 신체 증상에 지나친 관심을 두지 않음으로써(흔히 인지행동치료에서는 이 과정을 생각 바꾸기라고 한다.), 신체 증상으로 인해 더 이상 불안이란 것이 유발되지 않도록 그 인연의 고리를 끊어 버려야

097

공황장애와 신체 증상에 대한 염려

한다.

공황장애 환자들이 오랜 시간 동안 신체 증상을 극복하고 싶었는데 마음처럼 되지 않는다면서 인지행동치료의 문을 두드린다. 치료 기간 중(때론 치료 이후에) 어느 순간 '신체 증상은 내가 불안해서 생겨난 말초적인 통증이다.'라는 사실을 깨닫고 '신체 증상으로 인해 더 이상 불안을 경험하지 않는다.'고 대답하곤 한다. 그러나 많은 환자가 인지행동치료를 하지만 깨닫기보다는 군중심리에 휩쓸려 좋아지는 경우도 있다.

이 두 경우의 차이점은 확인하지 않아도 확실히 예후에서 차이가 날 수밖에 없을 것이다. 신체 증상을 극복하는 것은 '공황 극복'이란 최종 목적을 위한 중간 디딤돌이라고 할 수 있다. 그렇다면 신체 증상을 완전히 극복한다는 것이 어떠한 상태를 의미하는 것일까? 모든 신체 증상이 생기기 않는 상태를 말하는 것일까?

다음은 공황을 완전히 극복했다고 자부하던 환자가 그에 대한 대답으로 제시했던 내용이다. 타당해 보여 그대로 인용해 본다.

- 신체 증상에 별로 관심이 없다.
- 신체 증상과 불안과의 관계를 이해했고, '신체 증상이 날 어떻게 할 수 없다.'는 사실을 100% 믿고 있다.
- 신체 증상이 오더라도 연연하지 않고 정상적인 생활을 하고 있다.
- 이렇게 생활하다 보니 어느덧 신체 증상이 경감되었고, 매일 좋은 기분으로 생활한다.

아주 건강한 사람도 항상 신체적으로 편안한 것은 아니다. 단순히 나이가 들면 신체적 불편감이 생긴다는 것이 아니라 매일, 매시간, 순간마다 신체 증상은 변한다. 단지 사람마다 변동 폭의 차이가 있을 뿐이다. 신체 증상에 연연하지 않는 그런 순간이 늘어날수록 공황장애와 건강염려증에서 해방될 수 있는 것이다.

공황장애와 고혈압

공황이 일어날 때는 왜 혈압이 상승하는지, 고혈압이 될 수 있는지를 궁금해 하는 사람들이 많다. 인지행동치료를 받은 사람들이라면 이미 상식적으로 아는 내용이지만, 공황이나 불안 반응은 교감신경계의 흥분으로 발생하는 신체 증상인데, 이때는 고혈압이 되어 수축기 혈압이 200 이상으로 올라갈 수도 있다. 이것은 교감신경이 우리 몸을 위험으로부터 보호하기 위해 심장을 전력을 다해 박동시키고 말초의 혈관을 수축시키기 때문에 나타나는 정상적이며 일시적인 현상이다. 정상적이지 못한 것은 이런 교감신경계의 흥분 현상을 위험하지 않은데도 위험한 것으로 받아들여서 파국적으로 해석하는 자신의 생각이다. 신체검사에서 정상으로 나왔다면 치료의 핵심은 신체 증상이 너무 심해서 자신이 곧 어떻게 될 것 같다는 급박감을 느낀다고 해도 실제로는 아무런 위험이 일어나지 않는다는 사실을 받아들이는 것이다. 신체적 증상을 경험하기 시작할 때 자신이 안전하다는 사실을 철석같이 믿으면서 '괜찮아! 내가 또 무언가에 자극을 받았구나. 아무런 위험이 없다고 했지.' '기다리면 아무런 해를 남기지 않고 사라진다고 했지.'라고 속으로 생각하는 동안 증상은 점진적으로 개선될 것이다.

공황장애와 부정맥

공황장애 환자는 가슴이 철렁하는 증상을 느끼면 심장마비란 단어가 떠오르는 동시에 불안을 경험한다. "가슴이 철렁하거나 울컥한다."는 표현을 순환기 내과 전문의에게 호소하면 자연스럽게 부정맥을 의심받게 되고 청진, 심전도, 운동부하 검사, 24시간 심전도 검사(홀터 검사) 등을 실시해 보게 된다. 검사 결과에서 특별한 기질적 문제가 발견되지 않으면 "스트레스를 받지 마시고 운동하시면 됩니다."라는 간단한 말과 함께 그냥 집으로 돌려보내는 경우가 대다수다. 부정맥은 건강한 사람에게서도 흔히 그리고 자주 발생한다. 다만 공황장애 환자의 경우는 그 증상을 민감하게 자각해서 불편하게 여기는 것뿐이다. 부정맥 때문에 정상적인 사회생활이 곤란할 경우는 당연히 내과적인 처치를 받아야 한다. 하지만 부정맥을 호소하는 사람들 대부분에게 약이나 기타 어떤 처치도 하지 않는 경우가 많다.

대부분의 경우 부정맥 증상은 건강한 사람들도 자주 경험하며, 우리의 생명과 직결되지 못할 정도로 아주 미미하다. 심리적, 정신적인 이유로 부정맥이 발생할 수도 있지만, 이런 경우 역시 '갑자기 쓰러져 죽을 정도'의 응급 상황을 유발할 확률은 대단히 낮다. 부정맥이란 증상은 말초적인 증상이며, 심장에 기질적인 문제가 명백히 존재할 경우를 제외하곤 치료할 필요가 없는 질환이란 의미다. 내과에서 더 이상 치료하지 않아도 된다는데 환자가 지속적으로 부정맥을 호소한다면 그건 정신과로 이관될 문제다.

몇 가지 심장 기능 이상 증상의 경우는 내과적인 수술이나 약물치료가 필요한 경우다. 하지만 공황장애 환자들의 대부분이 이미 심전도, 운동부하 검사, 24시간 심전도 검사 등에서 이상이 발견되지 않았으므로 심장 기능 이상일 확률은 거의 없다는 점을 명심하자. 만약 공황 환자들이 경험했던 '가슴이 철렁하는 증상'이 치명적인 경우라면 이미 심전도 검사 용지에 검은 잉크로 명백히 곡선이 그려졌을 것이고, 정말로 심장마비였다면 응급실에서 "좀 있다가 안정되면 퇴원하세요."라는 말을 듣는 것이 아니라 심폐소생술 등의 응급 처치를 받았어야 마땅하다.

빈맥

빈맥이란 격렬한 운동을 하지 않았거나 흥분시킬 만한 외적 자극이 없는데도 불구하고 심장박동수(맥박)가 100회 이상을 유지하거나 자주 보이는 경우를 말한다. 수시로 심장이 두근두근거려서 신체적으로 상당히 불편하고 고통스럽다. 안정을 취하고 있는 상태에서 정상인은 분당 60~100회 정도의 맥박수를 보이지만, 운동을 하거나 흥분하면 순간적으로 100을 넘어가는 것이 정상적이다. 격렬한 운동을 할 때는 150~160까지 올라가기도 한다.

빈맥을 유발하는 각종 기질적인 문제, 즉 심장 기형, 심방 또는 심실 조기(기외) 수축 등은 심장 초음파 검사와 심전도, 청진 검사를 통해 거의 100% 확진 가능하며, 각종 검사에서 특별한 문제가 발견되지 않았다면 심장의 기질적 문제로 빈맥이 유발된 것이 아님을 받아들여야 한다. 빈맥을 유발시키는 또 다른 원인으로는 약물 부작용이 있을 수 있다. 누베인과 같은 비마약성 진통제가 부작용으로 빈맥을 유발할 수 있기 때문에 자신이 복용하고 있는 약물을 확인하는 것도 중요하다.

그러나 자신이 복용하는 약물의 용량이 미미한 수준이거나 해당 약물에 습관성이나 의존성이 없는 경우라면 약물 부작용으로 인해 유발된 빈맥이 아님을 인정해야 한다.

그 다음으로 고려할 수 있는 것이 신경성 빈맥이다. 순환기 내과에서는 기질적인 문제로 유발된 빈맥이 아닌 모든 경우를 통틀어 '심장신경증'으로 표현한다. 그러나 내과에서 '심장신경증'이란 병을 치료하는 방법은 환자를 정신과로 전과시키거나 약간의 항불안제를 투여하여 환자의 심리적인 안정을 꾀하는 정도에 그칠 수밖에 없다. 신경성 빈맥을 치료하는 약물은 세상 어디에도 존재하지 않으며, 항불안제 역시 빈맥의 증상을 다소 완화하는 데 그칠 뿐 빈맥의 근원적인 해결책이 될 수 없다. 신경성 빈맥의 근원은 주로 자신의 사고 습관과 생활 방식에 있는 경우가 많다. 이 때문에 많은 치료자들이

102

CHAPTER 03 신경성에 관한 고찰

공황장애 치료와 함께 체력 증진을 위해서 식습관의 개선이나 운동 프로그램을 권유하기도 한다.

협심증

공황장애 환자들 중에는 자신이 협심증을 앓고 있는 것은 아닌지 의심하는 환자들도 매우 많다. 공황을 경험하면서 가슴이 옥죄어들거나 심장이 울컥하는 증상, 송곳으로 가슴을 찌르는 것 같은 흉통이나 흉부 불쾌감을 경험하는 환자들 대부분은 '혹시 협심증 아닌가?'하는 걱정과 염려를 한다.

협심증 증상은 실제로 이루 말할 수 없는 고통을 유발한다. 가슴 한가운데가 마치 불로 지지는 듯한 극심한 통증으로 시작해서 거의 숨을 쉬지 못할 정도로 눈앞이 까맣게 보이고 그 통증이 목이나 팔로 강하게 퍼져 나가는 것이 전형적인 협심증 증상이다. 통증이 상당히 강하기 때문에 숨이 가쁘거나 곤란한 정도가 아니라, 아예 호흡을 못할 정도로 강한 통증을 경험하게 된다. 이 경우 환자들은 정확히 어느 부위가 아픈지 제대로 표현을 못하는 경우가 대부분이며, 주로 가슴 중앙이나 팔, 목 등을 가리킬 때가 많다. 이러한 협심증의 경우에 '니트로글리세린'이란 약을 혀 밑에 붙여 두면 약 1~2분만 지나도 통증이 사라지게 된다.

극심한 공황의 경우도 이루 말할 수 없는 고통을 경험하는 것이 사실이지만, 통증의 수준이나 호흡의 곤란도가 협심증에 비해 약한 편이다. 게다가 통증 부위를 질문했을 때 주로 손끝이나 손가락으로 심장 쪽을 구체적으로 가리키는 것이 보편적이다.

이 경우는 '니트로글리세린'과 같은 약으로도 순식간에 증상이 감소하지 않으며, 적어도 10분 정도 지나지 않고서는 쉽게 증상이 가라앉지 않는다.

협심증은 주로 새벽이나 아침나절에 발생하는 특징이 있으며, 심전도 및 혈액 효소 검사, 심장 혈관 조영술, 운동 부하 검사 등에서 대부분 발견된다. 그러나 각종 검사 결과를 믿지 못하고 '협심증 아닌가?' '현대 의학으로 밝혀내지 못한 질병에 걸린 게 아닐까?'와 같은 염려를 시작하는 것이 전형적인 건강염려증 환자가 되는 지름길임을 명심해야 한다.

흉통

심혈관계 증상으로 공황을 경험하는 환자들 중에는 공황 시 가장 두려웠던 증상을 '흉통'이라고 호소하는 사람들이 있다. 횡격막 쪽부터 죄어들기 시작하면서 통증과 흉부 불쾌감을 경험하면, 숨이 막히고 온몸이 싸늘해지면서 호흡이 힘들고 시야가 몽롱해지거나 어지러운 증상을 경험하게 된다. 그런데 공황 시에 경험하는 흉통과 내과에서 말하는 흉통은 엄연히 다르다. 심장 및 심혈관의 기질적인 문제로 발생하는 흉통은 치명적인 수준의 경우 심전도나 혈액 효소 검사에 분명한 흔적을 남긴다. 공황장애 환자들이 응급실에서 흉통을 호소하면, 가장 먼저 심전도, 혈액 효소 검사, 흉부 엑스레이 검사를 기본적으로 하게 되는 이유도 이 때문이다.

공황장애 진단 이후 자각하는 흉통은 가슴 근육이 과도하게 긴장되어 유발되기도 하고, 만성적인 소화기 이상(역류성 식도염, 위 또는 십이지장염이나 궤양 등)으로 유발될 수도 있다. 따라서 흉부 엑스레이 또는 심전도, 심장 초음파, 상부위 내시경 등으로 정확한 원인을 판별받을 수 없다면, 흉통을 경험한다고 해서 무조건 심장에 문제가 있다고 가정하는 것은 지극히 위험하다. 치료의 우선순위를 공황장애에 두고 스스로 자신의 불안을 다스린다면, 부교감신경계의 활성화를 통해 흉통이 가라앉는 것을 느낄 수 있을 것이다.

다음은 심장 관련 질환 여부를 확인하기 위한 검사를 소개한 것이다.

심장관련 질환이 있는지를 확인하기 위한 검사들

1. 심전도 검사

심장박동 시 발생하는 소리를 아주 정밀한 수준까지 잡아내어 그래프로 표시해 주는 검사다. 정상적이고 표준적인 심장이 내는 소리와 기질적인 문제(심장병, 심근경색 등)를 가지고 있는 심장이 내는 소리는 그래프상에 분명한 차이가 존재하기 때문에, 심장에 문제가 있을 경우 심전도 그래프에 노이즈(잡음)가 나타나게 된다. 그러나 공황장애 환자들의 경우는 심전도 검사에서 특별한 이상이 발견되지 않는다.

2. 혈액 효소 검사

혈액 효소 검사는 심장 근육세포에서 존재하는 효소가 혈중에 얼마나 있는지 검사하는 방법이다. 심장이 일시적으로 기능상 문제가 생겼을 경우 혈관

내의 혈액에 존재해야 할 여러 효소들의 함유량이 급격하게 변하는 것을 이용하여 심장의 기능 이상을 검사하는 방법이다. 미약한 심장 발작이기 때문에 심전도에서는 특별한 이상이 발견되지 않더라도, 혈액 내의 효소 함유량에서는 수십 분 내지 수 시간 상당한 변화가 나타나게 된다.

혈액 효소 검사에서 이상이 발견될 경우, '심장이 뭔가 정상적인 운동을 하지 못했다.'고 가정하고 보다 정밀한 여러 검사를 수행하게 된다. 이 검사 역시 대부분의 공황장애 환자들이라면 특별한 이상이 발견되지 않는다. 이는 공황 때의 극심한 공포감이 우리 몸의 신진대사에 그리 큰 영향을 주지 못했다는 중요한 증거가 된다.

3. 흉부 엑스레이 검사

평소에 혈압이 높다든지 또는 협심증(심장에 혈액을 공급하는 혈관이 좁아져서 심장이 정상적인 기능을 발휘하지 못하는 증상), 심근경색이 있을 경우는 흉부 엑스레이 검사 결과, 심장의 크기가 정상인보다 다소 비대해져 있음을 알게 된다. 또한 이 검사를 통해서 우리 몸의 동맥 중 가장 중요한 대동맥의 상태, 또한 흉통을 일으킬 수 있는 폐의 각종 질환(폐렴, 기흉 등)을 기본적으로 알아낼 수 있다.

물론 엑스레이 검사로 모든 질환을 다 알아낼 수는 없으나, 공황장애 환자가 호소하는 '극심한 흉통 및 흉부 불쾌감, 호흡곤란, 어지러움' 등과 같은 증상을 응급 상황에서 검사할 수 있는 가장 손쉬운 방법 중 하나다.

4. 관상 동맥 조영술(심장 혈관 조영술)

심계항진이 너무 심하거나 협심증 증세를 느낄 경우는 관상 동맥 조영술을 실시하기도 한다. 심장근육에 혈액을 공급하는 주요 혈관의 상태를 관찰하기 위해 조영제를 투여하여 심장을 촬영하는 방법으로 가랑이 사이의 동맥을 절개해서 튜브를 심장까지 동맥을 따라 삽입하여 측정한다.

5. 운동 부하 검사

검사 기기를 매달고 러닝머신에서 수십 분간 달리기를 하면서 연속적으로 심전도를 확인하거나, 심스캔(heart scan)으로 혈류 부하량을 검사하는 방법이다. 만약 심장에 가는 혈류에 이상이 있을 때, 운동으로 심장에 과부하가 걸린다면 이런 검사에서 이상을 보일 것이다.

6. 24시간 심전도 검사(홀터검사)

쉽게 설명하면, 심전도를 조그맣게 만들어 환자의 몸에 착용하게 한 뒤 자신에게 증상이 생길 때마다 단추를 누르게 하는 검사 방법이다. 보통 하루 정도 착용하게 한다고 하여 24시간 심전도 검사라고 한다. 환자가 이상 증상을 자각할 때 어떤 심전도가 나왔는지 확인하는 검사다.

7. 기타

앞에 소개된 검사 이외에도 '건강염려증'이 지나치게 심각한 경우는 심장 초음파, 호흡기 알레르기 검사, 뇌혈관검사 등 순환기 및 호흡기와 관련된 다채로운 검사를 받기도 한다. 그러나 불필요한 검사가 남발되는 것은 바람직하지 않으며, 개인뿐만 아니라 사회적인 비용을 발생시킨다.

만약 심전도 검사, 혈액 효소 검사, 흉부 엑스레이 검사와 같은 기본적인 검사들에서 특별한 이상이 발견되지 않았고 심장 내과 전문의가 기타 검사의 필요성을 말하지 않았다면 자신이 경험하는 신체 증상이 기질적인 원인을 가지고 있다기보다는 심리적인 원인이 있는 것으로 간주해야 한다.

공황장애와 위장관계 질환

　공황장애 환자들 중 어떤 사람들은 여러 가지 신체 증상 중에서 소화불량과 복통, 설사, 역류성 식도염, 과민성 대장 증후군 증상 등을 가장 흔하게 호소하기도 한다. 공황장애로 인한 불안 증상과 예민한 신경으로 인해 소화 기관 및 대장 기관의 혈류가 줄어서 위장 관계 증상을 강하게 경험하게 되는 것이다.

　앞서 설명했던 것과 같이 공황 반응은 많은 양의 에너지가 대근육과 뇌와 같이 투쟁-도피에 필수적으로 사용되는 영역으로만 집중되면서 소화 기관이나 대장 기관, 비뇨 생식 기관에는 원활한 혈액 배치가 이루어지지 않게 된다. 이 때문에 그 기관의 활동이 약화되며, 다양한 소화기 관련 증상이 나타나게 된다. 타액이 감소해서 입이 마르며 소화기능의 저하로 메스꺼움, 거북함, 체한 것 같은 느낌, 구토, 역류성 식도염 증상 등을 경험하게 되며, 대장 기관의 활동 약화로 기질적인 병변 없이 과민성 대장 증후군이 생겨서 복통이나 배변 습관의 변화(설사와 변비)가 지속적으로 반복되기도 한다.

　이러한 위장관계 질환 역시 내과 검진을 통해서 특별한 이상이 발견되지 않을 경우는 공황장애로 유발된 증상임을 인식하고, 이에 대한 치료에 집중하는 것이 중요하다.

　부교감신경계를 활성화시키는 생각의 변화와 호흡법 및 이완법을 꾸준하게 적용시키고, 적당한 운동과 휴식, 식이조절을 통해 생활 습관을 변화시켜 나간다면 분명히 소화기 관련 증상들에서도 호전을 경험할 수 있을 것이다.

●

공황장애 환자들이 주로 호소하는 신경계 증상은 마비감이나 현기증, 근육의 떨림과 같은 신체 증상, 비현실감 등이다. 이러한 신경계 증상은 기질적인 원인 이외에도 항불안제의 금단 증상으로 발생할 수 있기 때문에 정확한 원인을 파악하는 것이 매우 중요하다.

일시적인 마비 증상이나 근육의 떨림과 같은 신경계 증상들은 그 원인과 유발 요소를 막론하고, 대부분 근육 말단 부위의 '혈류장애'로 인해 나타난다. 교감신경이 과도하게 긴장하여 호흡 및 심박수의 부조화가 발생하면, 신체 말단 부위로 가는 혈류량에 급격한 변화가 일어난다. 그 결과 산소 공급 등 기본적인 대사의 문제가 발생해서 경련이나 마비와 같은 신경계 증상이 발생하게 된다.

말단 신경 조직의 손상 및 압박에 의해서도 마비감이나 근육 경련 등의 신경계 증상이 발생할 수 있다. 예를 들어, 손가락 끝이 계속 저리다면, 손목 부위 및 각 관절 부위의 신경을 다른 근육이 압박하고 있거나 그 부위의 신경이 손상되어 있는 경우도 있을 수 있다. 이 경우는 수술 등으로 압박된 신경 부위를 정상 상태로 만들어 주거나 주변 부위의 염증이나 궤양 등을 치료하면 증상이 호전된다.

신경계 증상의 원인이 말초 기관에 공급되는 혈류의 변화 때문이 아니라면, 증상이 나타나는 부위를 담당하는 뇌의 부분에 문제가 발생했는지 의심해 볼 수 있다. 물론 드물기는 하지만 종양이나 뇌혈류의 변화로 뇌의 일부가 압박되거나 기타 여러 상황이 발생하면 해당 신체 부위에서 마비감이나 근육 경련과 같은 이상 반응이 나타날 수 있다.

공황장애 환자의 경우 마비감이 느껴진다면, 원인을 정확하게 파악하는 것이 중요하다. 공황 때 발생하는 다른 신체 증상들(심계항진이나 호흡곤란, 답답함, 손발 저림, 열감이나 차가운 느낌, 현기증 등)이 없이 마비감이나 근육 경련만 경험한다면, 해당 근육 부위뿐만 아니라 뇌 기능에 대한 근본적인 검사를 받아 보아야 한다. 그러나 교감신경계 기능 항진으로 발생하는 다양한 신체 증상과 함께 마비감이나 근육 경련이 흔히 동반되기 때문에 세밀한 검사에도 불구하고 중추 및 말초 신경계에서 특별한 이상을 발견하지 못했다면 더 이상의 의심을 멈추어야 한다.

또한 항불안제를 장기간 복용하다가 갑자기 약물의 용량을 줄일 때 일시적인 금단 증상 중 하나로 마비감이나 근육 경련을 경험할 수도 있다. 항불안제는 대뇌 운동 영역의 신경 전도를 억제시켜 이완을 유도하는 작용을 하는데, 약물을 줄여 나가는 과정에서 일부 국소적인 근육경련이나 미미한 불쾌감, 저리는 증상, 감각 이상 등이 발생할 수 있다. 그러나 환자 본인이 이를 당연히 경험하는 일시적인 과정으로 받아들이고 더 이상 파국적으로 해석하지 않는다면 (예를 들어, '다시 공황이 재발한 건 아닐까?' '뇌에 무슨 문제가 생긴 것은 아닐까?'),

대부분의 경우 미미한 불쾌감이나 저릿저릿한 느낌 등에 그치게 될 것이다.

●

공황장애와 내분비계 질환

갑상선 기능 항진 혹은 기능 저하

공황이란 진단을 내리려면 반드시 필수적인 검사를 거쳐야 하는데, 기본적인 검사들은 다음과 같다.

- 갑상선 검사(혈액검사)
- 순환기내과 기본 검사: 심전도/흉부 엑스레이/혈액 효소/운동 부하 검사 등
- 신경 내외과 기본 검사(필요에 따라): 뇌혈류 검사/CT 검사
- 호흡기내과 기본 검사(필요에 따라): 청진/흉부 엑스레이 등
- 소화기내과 기본 검사(필요에 따라): 상부 위장관 내시경/복부 초음파 등

이 검사 중 공황과 가장 많은 혼돈을 빚는 증상이 갑상선 검사와 순환기 내과 기본 검사이며, 여성에게 갑상선 기능 이상이 많은 편이다. 갑상선은 우리 몸에 필요한 여러 호르몬을 분비, 조절하여 몸

의 신진대사를 유지해 주는 역할을 한다. 어떤 원인으로 갑상선의 기능이 지나치게 항진되거나 저하되면, 신체의 호르몬 분비 균형이 깨지면서 여러 가지 이상 증상을 체험하게 된다.

가슴 두근거림이나 호흡곤란, 빈맥, 어지러움과 같은 증상은 갑상선 기능 항진 환자들이 흔히 호소하는 영역이며, 이런 측면에서 갑상선 기능 항진과 공황장애를 구분하기란 상당히 어렵다. 갑상선의 기능 항진은 불안 시 느끼는 많은 신체 증상을 일으킬 수 있기 때문이다. 따라서 효과적인 치료를 위해서는 혈액 검사를 통해서 진단을 명확히 하는 것이 필요하다. 공황장애 때문에 갑상선의 이상이 생기지 않지만, 아주 드물게 두 가지 장애가 함께 있을 수 있으며, 이 경우는 갑상선의 치료와 공황장애의 치료가 동시에 이루어져야 한다.

저혈당증

저혈당증이란 혈액 속 당분의 양이 병적으로 감소되어 나타나는 증상이다. 정상인의 경우 이른 아침 공복 시 혈당치는 60~100mg/dl이며 식후에도 160mg/dl 이하를 유지하는데, 혈당치가 50mg/dl 이하로 떨어진 경우 '저혈당'이라고 하고, 이로 인해 식은땀, 심한 공복감과 무기력, 현기증과 같은 신경 증세가 나타나는 것을 '저혈당증'이라 한다. 그러나 정도가 심하지 않다면 이러한 증상은 공복 시에 올 수 있는 자연스러운 현상이다. 누구나 정도의 차이는 있어도 공복 상태가 오래가면 몸의 기운이 빠지는 느낌과 약간의 신경질적인 반응 등이 올 수 있기 때문이다.

공황장애 환자들 중 몇몇 사람들은 식사 상태와 공황을 연결 지어 생각하는 경우가 있지만, 사실 저혈당과 공황이 직접적으로 관련이 있다는 증거는 없다. 아마도 식욕과 소화 기능이 심리 상태와 밀접한 관련이 있기 때문에 그런 방식으로 해석하는 경향이 있다. 우울하면 식욕이 떨어지거나 너무 항진되고, 불안하면 소화 기능이 떨어지고 입맛도 없어진다. 공황장애 환자들은 대부분 평소에도 교감신경계가 흥분된 상태로 지내기 때문에 소화장애로 고생을 하게 된다. 또한 쓸데없이 대사 활동이 증가되기 때문에 공복감과 피로감을 쉽게 느끼는 것이다. 신체적으로 일을 해서 느끼는 공복감이나 피로감이라면 당연하게 여길 텐데, 충분히 쉬어도 까닭 모르게 피로하거나 공복감을 느끼니 참 답답할 수밖에 없다. 그런 면에서 공황장애 환자들은 평소에 부교감신경계를 활성화시킬 수 있는 이완 훈련을 매일 꾸준하게 연습하면 이런 문제들이 사라질 것이다. 이완 훈련은 인지행동치료의 일부로 행한다.

CHAPTER *04*

인지행동치료에
대하여

환청이 들려서 환청과 대화를 나누는 것과 같은 정신증상을 가진 환자의 경우에는 혼잣말을 한다. 그래서 누군가가 혼잣말을 한다면 많은 사람들은 이상하게 볼 수도 있지만, 사실 혼잣말은 누구나 하는 것이다. 다만 남들이 알아들을 정도로 크게 하지 않을 뿐이다. 실제로 혼잣말은 우리의 태도와 믿음을 다루는 데 아주 중요한 것이며, 우리가 힘든 시기를 헤쳐 나갈 수 있도록 도와주기도 한다. 이번 장에서는 공황장애 환자들이 스스로에게 하는 혼잣말에 관한 내용에 대해서 알아보고자 한다.

생각 바꾸기-혼잣말에 도전하기

이번 장의 초점은 공황장애 환자들이 지니고 있는 부정적인 혼잣말-내적인 사고에 도전하는 것이다. 이런 부정적 사고들은 직접적으로 또는 간접적으로 공황을 불러일으킬 수 있다. 직접적으로는 신체 감각을 먼저 느끼고 그것을 위험하다고 믿으면 공황을 일으키는 악순환의 고리로 들어가는 것이고, 간접적으로는 부정적인 믿음이 전반적인 불안 수준을 높여서 공황에 대한 신체적, 심리적 감수성을 증가시킬 수 있을 것이다.

공황장애 환자의 삶에서 공황을 극복하는 데 필수적인 기술은 불안을 일으키는 부정적인 혼잣말을 찾아내고 도전해서, 그것들을 보다 현실적이고 도움이 되는 혼잣말로 바꾸는 방법을 배우는 것이며 그 혼잣말을 가슴으로 믿는 과정이 필요하다.

연구 결과에 의하면, 대다수의 공황장애 환자들이 일반인들보다 신체 증상을 더 위험한 것으로 받아들인다고 한다. 또한 재앙화 사고를 동반하는 공황이 그렇지 않은 경우보다 더욱 심각한 증상을 보인다고 한다.

앞의 장에서 언급한 것처럼 대부분의 공황장애 환자들은 신체 질환으로 의심될 수 있는 증상들을 과도하게 두려워하는 경향이 높다. 질문지를 사용하여 환자들에게 신체 증상의 부정적인 결과를 두려워하는 경향을 평가해 보았다. 결국 공황의 증상들과 직면하게 되면 근본적으로 공황 때문에 죽거나 미칠 거라는 공포를 가지고 있음을 알 수 있다.

공황을 자주 경험하는 환자들에게서는 흔히 중요한 인물들과의 이별이나 상실의 경험, 폭력적이거나 가학적 혹은 불안정한 가족 환경, 부모님의 극심한 과잉보호, 위험에 대한 과도한 경고, 비판적이고 조정하려는 부모 또는 감정 표현의 어려움 등을 발견하게 된다. 아마도 자신의 삶을 되돌아볼 때 이러한 경험들이 공황을 유도한 경우를 발견할 수 있을 것이다.

'신체 증상은 위험하다.'라는 핵심적인 믿음이 직접적으로 공황을 유도할 수 있다. 공황장애 환자들은 흔히 이런 잘못된 믿음 체계를 가지고 있기 때문에 이것에 도전하는 것부터 배울 필요가 있다. 불안 수준을 높이고, 이로 인해 간접적으로 공황을 일으키는 다른 종류의 부정적이고 왜곡된 믿음도 같은 방법으로 도전하여 수정할 수 있다.

만일 가슴이 빨리 뛰거나 숨이 차거나 머릿속에 이상한 느낌이 들면 공황장애 환자들은 즉각적으로 재앙화 단계로 생각이 건너뛰어 '안 돼, 이러다 죽을지도 몰라!' 또는 '이러다 심장마비가 오면 어쩌지?' 등의 '~하면 어쩌나' 하는 생각을 하게 된다. 이러한 재앙화 단계의 생각들로 불안이 상승되면 신체 증상들은 더욱 늘어 가고, 이에 따라 무언가 잘못되었다고 믿는 재앙화 사고는 더욱 확신을 갖고 강화되는 것이다. 결과적으로 증상과 재앙화 사고의 악순환 고리는 공황으로 연결된다.

주의 분산 기법은 이런 악순환의 연결고리에 박차를 가하는 재앙화 사고에는 도전하지 않는다. 다만 재앙화 단계로 진행되지 않게 하여 공황을 일으키지 않도록 하는 것이다. 그러나 재앙화 사고와 저변에 깔려 있는 왜곡된 믿음들에 대하여 도전한다면, 공황의 주기를 일으키는 경향을 줄일 수 있다. 예를 들어, 가슴에 느끼는 압박감을 심장마비가 일어나 죽을 수 있는 신호라고 정말 믿는다면 그 생각은 불안을 증폭시켜 공황을 일으키게 될 것이다. 그러나 가슴의 압박감이 전날 운동을 무리하게 해서 생긴 정상적인 현상이라는 것을 감안한다면, 애써 멈추려고 노력할 공황의 악순환 주기도 발동하지 않을 것이다.

혼잣말에 도전하기

다음은 혼잣말에 도전하여 성공한 경험을 사례로 든 것이다. 이 사례를 통해 네 단계의 도전과정을 살펴보자.

    애리는 대학 4학년 때 생긴 공황장애의 치료를 받고 있다. 그녀의 공황은 전형적으로 심장박동이 빨라지는 것을 느끼면서 시작되었다. 애리가 여고 1학년일 때 아버지가 심장마비로 갑자기 돌아가셨는데, 그 후로 애리는 '선천적으로 심장이 약하다.'는 생각에 사로잡혀 언젠가는 자신도 심장마비가 와서 죽을지도 모른다고 두려워하기 시작했다. 방학 때마다 시골집에 내려가면 어머니는 그녀의 건강에 대하여 꼬치꼬치 캐물었는데 그럴수록 애리의 걱정을 더욱 악화시킬 뿐이었다.

    어느 날 체육시간에 애리는 평소보다 운동을 좀 과하게 했는데 심장이 빨리 뛰기 시작하자 놀라게 되었다. 현기증이 나고 몸이 이상해지면서 이러다 심장마비가 올 것이라고 확신했다. 인근 병원의 응급실에 실려 갔으나 건강하다는 결론만 듣고 멀쩡한 채로 돌아왔다. 그러나 그 경험은 너무나 강렬했기 때문에 애리는 전보다 더 주의 깊게 심장 상태를 관찰하기 시작했고, 조금이라도 이상한 느낌을 받으면 심한 불안을 경험하곤 했다. 그 후 점차 공황의 빈도가 잦아지고 수업을 듣고 앉아 있는 것조차 힘이 들어 치료를 받게 된 것이다. 애리는 치료의 초기 단계에서는 아주 잘 반응했다. 공황장애와 공황에 관한 기본적인 사실들을 배웠고, 주의 분산이나 호흡법을 배워서 증상을 성공적으로 막을 수 있게 되었으며, 그녀의 과거력이 어떻게 자신의 두려움에 영향을 주었는지도 이해하게 되었다.

    그럼에도 불구하고 애리는 아직도 자신의 건강에 대하여 심각하게 걱정하고 있고, 어느 날 심장마비를 일으켜 갑자기 죽게 될 거라고 믿고 있다. 그녀는 가슴이나 팔에 어떤 감각이라도 경험하거나 심장에 대한 걱정을 할 때마다 곧 죽게 될 거라며 노심초사했다. 이에 따라 심장마비에 대해 걱정하는 생각을 직접적으로 공격하는 것이 애리의 다음 과제가 되었다.

1단계: 혼잣말 찾아내기

처음에 애리는 차분하게 앉아서 그녀가 심장에 관하여 어떤 걱정을 하거나 가슴에 어떤 감각을 경험할 때마다 그녀가 하는 생각들을 기록한 목록을 만들도록 했다. 기록지에 그녀의 생각을 써 갈 때 마치 생각을 크게 소리 내서 외치는 식으로 하도록 했다. 다음은 그녀가 하는 혼잣말의 목록 중 일부다.

- 내 심장에 무슨 문제가 있는 것이 틀림없어. 아니라면 왜 이렇게 뛰는 거지?
- 난 아버지로부터 약한 심장을 물려받은 것 같아. 아마 나도 심장마비로 죽게 될 거야.(이 생각은 두려움은 물론 슬픔까지도 동반했다.)
- 이런 증상들을 가볍게 여기면 위험할 거야. 주의 깊게 심장을 살펴서 무슨 일이 있으면 바로 도움을 청해야지.

2단계: 혼잣말 평가하기와 도전하기

애리의 다음 단계는 찾아낸 혼잣말들을 차례로 평가해 보는 것이었다. 가능한 그 내용을 지지하는 증거와 반대되는 증거들을 고려해 보면서 현실적으로 평가하도록 했다. 평가를 충분하게 한 후에는 그 평가에 근거해서 자신의 혼잣말에 가능한 많이 도전해 보도록 했다. 혼잣말에 효과적으로 도전하는 문제는 "이건 사실이 아니야."라고 말해서 해결될 정도로 간단한 문제가 아니다. 그것은 가능한 다양한 면에서 자신의 혼잣말을 주의 깊게 탐구하는 노력이 필요하다.

애리는 먼저 찾아낸 "내 심장에 무슨 문제가 있는 것이 틀림없어. 아니라면 왜 이렇게 뛰는 거지?"라는 혼잣말을 생각해 보았다. 그녀는 자신의 심장 기능이 나쁘다는 것을 나타내는 증거를 찾아보려고 했고, 반대로 심장 기능에 이상이 없다는 증거도 찾아보았다. 그녀는 이전에 자신의 심장박동이 빨랐던 경우들을 돌이켜 보니 결국에는 아무 이상도 없었던 것을 생각했다. 또한 그렇게 심장이 뛰었을 때, 뛴 이유를 설명할 수 있는 다른 가능성들에 대해서도 찾아보았다.

애리는 다음과 같은 도전을 할 수 있게 되었다.

- 이렇게 심장이 빨리 뛰는 증상은 벌써 1년 전부터 그래 왔지만, 아직도 죽지 않았어. 만일 내 심장에 무슨 심각한 문제가 있다면 이미 무슨 일이 생겼을 거야.
- 내가 호흡법을 쓰면 확실히 심장 뛰는 증상이 줄어들지. 하지만 호흡법은 심장병에 영향을 주는 것이 아니고 불안의 신체 증상에 영향을 준다던데, 그렇다면 심장이 두근거리는 증상은 심장병에서 오는 것이 아니란 말인가? 의사들 말대로 심장이 두근거리는 증상은 불안 때문일 수도 있어.
- 많은 사람들이 나와 같은 증상을 가지고 있지만 그 사람들은 무

시하고 사는 것 같아. 그 사람들도 빨리 죽은 것은 아니잖아?

- 공황장애를 가진 사람들에게서 나처럼 심장이 빨리 뛰는 증상을 경험한다고 배웠잖아. 나도 공황장애로 진단받았으니까 내 심장이 벌렁거리는 것은 심장병보다는 공황장애 때문이라는 설명이 더 맞는 것 같아.

- 오늘 아침에는 오랜만에 커피를 마셔 보았는데 심장이 두근거리는 것을 또 느꼈잖아? 커피를 마셔도, 계단을 힘들게 뛰어 올라도 심장은 두근거릴 수 있어.

- 나는 심장 내과 전문의를 만나서 진찰을 받았지만 그는 내가 정상이라고 했잖아?

이 마지막 도전은 또 다른 말대답을 만들어 낸다.

- 그렇지만 의사들도 실수할 수 있어. 내 심장 기능이 정상이라고 말하기는 했지만 무언가를 확인하지 못하고 빠뜨렸을 수도 있어. 그러면 나는 아직도 안심할 수가 없지.

애리는 이런 혼잣말에 대한 평가를 위해 증거를 찾아보고 다시 도전을 해 본다.

- 그래, 의사들도 사람이니까 실수할 수 있어. 그러나 나는 신체검사를 받았고, 혈액검사도 했고, 심전도도 했고, 24시간 홀터검사도 받았잖아? 이런 검사들을 다 받고도 중요한 문제를 발견

하지 못할 가능성은 희박할 거야.

* 내 담당 의사는 아주 세심한 사람인 것 같아. 그 사람 믿을 수 있어.
* 내가 심장병을 걱정하는 것 못지않게 의사들도 자신의 의료과실에 대해서 걱정할 거야. 내가 아는 한 담당 의사는 나를 철저하게 검사한 것 같아.

애리는 그다음에 나열한 혼잣말에 대한 도전을 또다시 해 본다. 이번 것은 "난 아버지로부터 약한 심장을 물려받은 것 같아. 아마 나도 심장마비로 죽게 될 거야."라는 혼잣말이다. 그녀는 이렇게 반응해 본다.

* 아버지는 59세에 돌아가셨어. 혈압도 높았고 체중도 많이 나가셨어. 나는 22세고 건강해. 내가 '아버지의 약한 심장'을 물려받았다고 해도 앞으로 37년은 문제없이 지낼 수 있잖아? 앞으로 건강한 생활을 유지하고 정기적으로 검사를 한다면 공연히 걱정하며 지낼 필요가 없을 거야.
* 22세밖에 안 된 건강한 사람이 심장마비가 오는 것은 드문 일이지.

심장의 이상 증상 관찰을 등한시하여 생길 수 있는 위험과 관련하여, 그녀는 세 번째 혼잣말에 반응하며 이렇게 결론을 내린다.

아버지는 아무런 증상의 경고 없이 갑자기 돌아가셨어. 나도 아버지처럼 갑자기 심장마비가 온다면 내가 아무리 관찰을 잘해도 소용이 없는 것 아니겠어? 게다가 그렇게 심장에만 신경을 쓰며 살아가는 것이 나에게 얼마나 많은 피해를 주는 일이야? 내가 좋아하는 일도 마음껏 못하고 점점 생활이 재미없어지고. 그래, 이제 그런 생각들을 마음에서 지워 버리고, 삶을 즐기며 살아 보자!

3단계: 적응적인 믿음을 더 강화시키기 위한 할일 작업

애리가 도전하는 연습을 마쳤을 때 더 이상 그런 일들을 생각할 필요가 없다는 사실을 깨닫게 되었다고 했다. 그러나 그녀가 거기서 작업을 멈추지 않은 것이 중요하다. 애리는 매일 저녁 혼잣말을 가지고 작업을 했다. 그녀가 도전한 내용이 믿음 체계 속에 자리 잡도록 하라는 치료자의 권유 때문이었다. 매일 그렇게 작업을 반복하여 자신이 겪는 증상들이 위험하지 않다는 사실을 지적인 수준에서뿐만 아니라 감정적인 수준까지 진정으로 믿을 수 있게 되었다. 그래서 그녀는 가장 마음이 약해질 수 있는 시기에서조차 위험하지 않다는 것을 믿고 받아들일 수 있게 되었다.

애리는 낮에는 공황이 오거나 불안이 증가하면 주로 사용하던 주의 분산 기법을 사용했다. 어두워지면 노트북 컴퓨터 앞에 앉아서 불안이 시작되기 전과 불안한 중에 자신이 하는 혼잣말과 생각들을 평가하였는데, 특히 처음에 나타나는 증상들의 의미에 관하여 자신이 하는 말들을 찾아보았다. 대부분의 경우에 애리의 혼잣말은 그녀가 이미 다 분석을 해 본 생각들이었음에도 불구하고 그 생각들을 또 쓰고 또 평가하고 또다시 써서 도전하는 것들이었다.

애리가 공황을 겪는 동안에는 혼잣말이나 재앙화하는 생각을 찾을 수 없다는 사실에 주목할 필요가 있다. 그녀는 호흡을 조절하고, 주의를 다른 곳으로 돌리느라 너무나 바쁘기 때문이다. 나중에 안정이 된 후 그녀는 불안했던 시기를 회상하고 그때 했던 생각들을 좀 더 주의 깊게 살펴보았다. 그럴 때면 그녀는 그 생각들이 지닌 힘을 줄이기 위하여 생각들을 평가하고 도전했다.

다음번에는 그 생각들이 좀 더 약화되기를 기대했다. 물론 애리도 심장 증상을 느끼면서 항상 공황이나 불안한 느낌을 갖는 건 아니다. 그렇지 않은 날 저녁에도 애리는 자신의 혼잣말을 가지고 20분 정도 작업을 한다. 이런 경우는 이전에 자신을 아주 괴롭혔던 힘을 가진 생각이나 아니면 최근에 적어 둔 생각들을 가지고 다시 도전하고 좋은 생각은 적어 둔다. 애리는 그녀가 과거에 두려움을 가졌던 신체 감각들을 더 이상 두려워하지 않을 좋은 이유들을 모두 되새기는 시간을 가진다. 이렇게 하면 그녀는 좀 더 새롭고 적응적인 생각을 강화시키게 된다.

마지막 단계: 결과를 즐겨라

애리의 도전은 점차 자동적으로 진행되었다. 그녀의 태도는 점차 바뀌었고 자신이 위험하지 않다는 것을 깨달았다. 공황은 눈에 띄게 줄었고 실제로는 거의 멈춘 것처럼 보인다. 또한 이전에는 호들갑 떨게 만들었던 신체 증상들에도 이제는 대단한 반동력을 갖추게 되었다. 간혹 불안해질 때 그녀는 아직도 주의 분산 기법을 쓰지만, 동시에 그녀의 불안을 낮출 수 있는 생각들을 자동적으로 불러내고 있는 자신을 발견하곤 한다.

　실제로 애리는 많이 편안해져서 전에는 불안을 일으켰을 만한 신체 감각을 느껴도 불안을 방지하는 생각을 할 수 있는 수준까지 도달했다. 한 예로, 그녀가 수업에 늦어서 달려갔을 때 심장 박동이 증가하는 것을 느꼈다. 하지만 그녀는 거의 동시에 '그래, 괜찮아. 내가 서둘러서 뛰고 있으니까 심장도 같이 뛰는 거야. 나는 지금 운동을 하고 있고, 늦었기 때문에 걱정하고 있으니까 심장이 뛰는 건 당연하잖아.'라고 생각하였다.

　애리에게는 또 다른 변화도 일어났다. 그녀가 불안이 심해졌던 상황들을 생각해 보니, 그녀의 아버지를 떠올릴 때마다 신체 증상이 더욱 심해졌고, 그 신체 증상들은 자동적으로 자신의 심장에 대한 즉각적인 염려를 불러일으켰던 것이었다. 그리고 그녀는 자신이 아버지를 잃은 슬픔을 충분히 애도하지 못했다는 사실을 깨달았다. 실제로 그녀는 아버지에 대한 생각을 회피하려 노력해 왔다. 하지만 애리가 고통을 피하고자 행한 이런 노력들은 그녀의 증상을 궁극적으로 완화시키기 위해 필요한 경험을 오히려 박탈해 가는 비극적인 결과를 가져오고 말았다. 이런 새로운 깨달음은 그녀로 하여금 돌아가신 아버지에 대해 편한 마음으로 애도하게 하였고, 이를 통하여 그녀는 공황을 제거할 수 있었을 뿐 아니라 아버지와의 행복했던 많은 기억들도 되살아나게 할 수 있었다.

생각 바꾸기·혼잣말에 도전하기

불안과 연관된 다른 믿음들을 깨뜨리기

또한 애리는 일지를 쓰며 작업하는 중에 자신의 삶을 방해하고 불안의 역치를 낮추는 다른 믿음들이 존재한다는 사실을 깨닫게 되었다. 예를 들어, 그녀는 남들이 겪을 수도 있는 불편이나 불만 등을 미리 막기 위해서는 다른 사람들의 기분을 잘 맞추는 것이 그녀의 의무라고 느꼈다. 만일 그녀가 친구들이나 다른 사람들과 같이 있을 때 서로 간에 갈등이라도 생길 조짐이 보이면, 그녀는 신경이 곤두서서 어떻게든 일을 좋게 무마시키려 허둥댔다. 적어도 과거에는 이런 상황에 대한 그녀의 불안은 심장박동을 증가시켰고 공황을 유발시켰다.

애리는 이런 종류의 믿음들도 그녀의 새로운 '도전하기' 기법으로 깨뜨릴 수 있음을 알게 되었다. 밤에 앉아서 작업지를 손에 들고 낮 동안에 있었던 일들을 평가하는 것이 중요하다는 것을 알게 되었다. 그녀가 자신의 심장 증상에 대한 혼잣말을 평가하고 도전했던 것처럼, 그녀는 각각의 상황에서 그녀가 한 혼잣말들을 나열하고, 그 생각들을 현실적으로 평가하고, 그 생각들에 대한 도전을 써보았다.

시간이 가면서 그녀는 다른 사람들의 감정에 대해 책임지려는 경향이 줄어들고 그녀 자신의 감정에 매우 긍정적인 방식으로 반응하게 되었다. 몇 개월 후에 그녀는 아버지가 살아 있을 때보다도 더 행복하고 안정된 기분을 느끼게 되었다.

이런 생각 바꾸기 기법은 광장공포증을 치료하는 데도 적용할 수 있다. 광장공포증적 상황에서 자신의 생각을 식별하는 것이 이를 극복하는 데 가장 중요하다. 부정적 생각은 불안과 공포를 더욱 가중시키기 때문에 각각의 부정적 생각을 관찰하고 그것이 현실적인 생각인지 검증해야 한다. 그 생각이 비현실적이라면 그 상황에서 경험하는 불안과 공포는 불필요한 것이다. 광장공포증적 상황에서 떠오르는 반사적 생각들은 대부분의 경우가 대체로 비현실적인데, 광장공포증 환자들이 불안할 때 위험을 과대평가하고 재앙화하는 경향이 있기 때문이다.

광장공포증을 효과적으로 극복하기 위해서는 부정적 생각의 패턴을 관찰하는 데 상당한 시간을 할애해야 한다. 공황장애 프로그램에서 특정 감각에 대한 두려움을 초점으로 삼았다면, 광장공포증의 치료에서는 '특정 상황에서의 특정 감각에 대한 두려움'을 초점으로 삼아야 한다. 상황마다 반사적으로 떠오르는 생각이 다를 수 있다. 집에 혼자 있는 것을 두려워한다면, '혼자 있을 때 무슨 일이 발생하면 도움을 받을 수 없을 거야.'와 같은 생각에 초점을 맞추는 것일 수 있다. 혼자 걷는 것을 두려워한다면, '공황이 발생하면 쓰러지거나 제시간 안에 집에 갈 수 없을 거야.'와 같은 반사적 생각을 가지고 있을 수 있다. 만약 사람들이 붐비는 쇼핑 상가나 가게에 있는 것을 두려워한다면, '다른 사람들에게 이상하게 혹은 미친 것처럼 보일 텐데……'라거나 '기절해도 도와줄 사람이 없을 거야.' '공황이 오는 순간 그 가게나 쇼핑 상가에서 빠져 나올 수 없을 텐데 어떡하지.'와 같은 반사적 생각에 초점이 맞추어질 것이다. 또 '자동차를 운전하다가 사고를 일으킬 거야.'와 같은 생각 때문에 운전하는 것을 두려워할 수도 있다.

광장공포증적 상황에 처하기 전 혹은 그런 상황에 처하게 되었을 때, 마음속에 어떤 생각이 떠오르는지를 분명하게 찾아내는 것이 중요하다. 뿐만 아니라 본인이 두려워하는 결과와 더불어 각 결과에 도달하게 되는 '논리'를 알고 있는 것이 중요하다. 기저에 깔려 있는 '논리'를 인식하게 되면 자신의 생각을 교정하는 것이 더욱 쉬워질 것이다. 예를 들어, 붐비는 쇼핑 상가에 가는 것을 회피하는 경우라면, 그 상황에서 '사람들이 많은 쇼핑 상가에서 다른 사람들에게 이상하게 보이지는 않을까, 그리고 정신병원으로 옮겨지는 것이 아닐까.'와 같은 두려움이 존재할 수 있다. 그런 두려움에는 아마도 '나 자신이 그렇게 이상한 느낌을 경험할 때면 다른 사람들이 알아차릴 만한 비정상적인 표정이 내 얼굴에 나타날 것이고, 그들은 내가 이상하다고 여길 것이다.'라는 '논리'가 기저에 깔려 있게 된다.

운전 능력 상실을 두려워하는 사람들에게 존재하는 논리는 아마도 '내가 느끼고 싶지 않은 것을 느낀다는 것은 나 자신이 몸에 대한 통제력을 상실했다는 것을 의미하므로 공황상태에 있을 때는 생각을 제대로 할 수 없기 때문에 운전 능력을 상실할 가능성이 더욱 높아질 수도 있어.'라는 것이다.

마지막으로 거리를 걸을 때 맥없이 주저앉는 것을 두려워하는 사람들이 가지는 논리는 아마도 '내가 두려워할 때 나는 다리에 힘이 빠질 것이다. 집에서 몸에 힘이 없다고 느낀다면 그저 그 자리에 앉으면 되지만, 여기서는 쉽게 자리에 앉을 수가 없어서 쓰러질 가능성이 많아.'가 될 수도 있다.

자신이 두려워하는 결과와 각 결과에 도달되는 논리를 식별하기 위한 시간을 가지는 것은 극복의 필요조건이다. 이것은 공황이 오는 것을 두려워한다거나 불안해지는 것을 두려워한다고 기술하는 것 이상으로 좀 더 구체적이어야 한다. 분노, 흥분, 슬픔이 감정적 상태를 나타내는 것처럼 공황과 불안도 감정적인 상태이기 때문에, 그런 감정들은 그 자체로서 위협적인 것이 아니며 위험하지도 않다. 여러분이 공황을 경험하는 것에 대하여 두려움을 가지고 있다고 말할 때 그것은 여러분에게 무언가 좋지 않은 일들, 즉 신체적 손상(심장마비, 뇌졸중, 실신 등)으로 죽거나 미치거나 자제력을 잃거나 회피하거나 당황하게 되는 것과 같은 일들이 발생할 것이라고 믿는 것임을 암시한다.

마찬가지로 올가미에 갇혀 버리거나 빠져나오기가 너무 어려울 것을 두려워한다면 왜 그것이 자신을 걱정하게 만드는지 생각해 보자. 예를 들면, 갇혀 있다는 느낌 때문에 극장을 두려워하는 사람은 자신의 두려움이 극장에서 공황을 경험하는 것에 대한 두려움에 근거를 두고 있다는 것을 인식하게 된다. 그리고 공황을 두려워하는 것은 자신이 극장에서 빠져나오기 위해 소리 지르고 비명을 내며, 급기야 사람들을 다치게 할 것이라는 믿음에 근거를 둔다.

회피나 도피 행동에 초점을 맞추는 것은 근본적인 두려움을 다루지 않는 것이다. 예를 들어, 자신의 가장 즉각적인 관심은 식사 도중 식당을 빠져나오는 것이 얼마나 난감한 것인지, 그런 자신의 행동이 얼마나 자신을 불쾌하게 만드는 것인지, 또 다른 사람들의 식사를 방해해서 그들을 불쾌하게 할 것인지에 대한 것일 수 있다. 물론 이런 상황들이 간과할 문제가 아닌 것임에는 분명하지만, 먼저 자신을 식당에서 나가게 만드는 생각을 식별하고 이에 대해 대처하는 것이

생각 바꾸기-혼잣말에 도전하기

더욱 중요하다.

예를 들면, 진짜 두려운 것은 음식점에서 모든 사람들 앞에서 넘어지거나 다른 사람에게 자신이 불안해 보이고 수치스러워지는 것일 수 있는데, 광장공포증이 어느 상황에서 더 심한지 각자 위계를 작성해 보길 권한다. 그리고 작성한 광장공포증 위계에 대하여 과연 어떤 생각을 하는지 살펴보도록 하자. 방금 논의된 각각의 생각들을 가능하면 좀 더 구체적이고 명료하게 확인할 것을 권한다. 이제 이러한 두려운 결과에 도달하게 되는 논리를 이해할 수 있도록 노력해 보자.

흔히 범할 수 있는 몇 가지 논리상의 근본적인 오류가 있다. 여기에 그중 몇 가지를 소개하였는데 본인이 이런 생각을 하는지 살펴보길 바란다.

- **증상의 강도와 위험의 정도를 혼동하고 있는지 검토해 보라.** "어지러운 느낌이 이전보다 훨씬 더 강한 걸 보니까 이번에는 정말 실신할 거야."
- **바람직하지 않은 증상들과 통제력 상실을 혼동하고 있을 가능성이 있다.** "이런 혼란스러운 느낌을 원하지 않아. 통제력을 잃었음에 틀림없어. 나는 통제력을 잃고 엉뚱한 일을 하게 되고 말 거야."
- **자신이 생각하고 느끼는 것을 다른 사람들이 완전히 알고 있다고 가정한다.** "내가 무척 불안하게 느끼고 있단 사실을 다른 사람들은 분명히 알게 될 거야."
- **또 다른 가능성은 생각과 현실을 혼동할 수 있다는 것이다.** "뇌졸중이 올지 모른다고 걱정하기 때문에 그것이 현실로 나타날 수도 있을 거야."

- 도피하고 싶은 충동을 그 상황에 머무르는 것이 위험하다는 신호로 볼 수도 있다. "나는 여기에서 즉시 빠져나가야 해. 아니면 나는 미치게 될 거고 이 상황을 다룰 수가 없어."
- 마찬가지로 혼자 있다는 생각과 위험을 혼동할 수도 있다. "만약 내가 그 쇼핑센터에 혼자 남겨진다면 나는 쓰러져 죽을 거야."
- 주위에 다른 사람이 있을 때 불안이 감소하는 효과를 보고는 혼자 있는 것이 위험하다는 것을 증명해 주는 증거로 여길 수도 있다. "내가 전에 괜찮았던 것은 내가 불안해졌을 때 남편이 나를 진정시킬 수 있었기 때문이었어. 만약 남편이 곁에서 도와주지 않았더라면 나는 정말 통제력을 잃고 미쳐 버렸을지도 몰라."
- 생소하다는 것을 위험과 혼동할 수도 있다. "내가 이 장소를 모르기 때문에 내가 정말로 심한 공황을 만나면 병원을 찾을 수 없을 것이고, 그렇게 되면 내 심장은 멈추게 될 거야."

인지행동치료

미국 정신의학회에서는 주기적으로 정신장애의 치료 지침서를 발간한다. 1993년도에 발간된 『공황장애 환자를 위한 치료 지침서』(부록 참조)에는 공황장애의 치료 방법 중 가장 효과적인 치료를 약물치료와 인지행동치료의 병합치료라고 하였다. 그러나 아직까지 우리나라에서는 공황장애 환자들의 치료에 인지행동치료를 사용하는 정신과 의사들은 드문 데다가 인지행동치료적 방법을 적용한다고 해도 제대로 된 교육연수 과정을 밟은 유능한 치료자가 부족한 것이 현실이다. 정신의학 전문가조차 이러한데 많은 공황장애 환자들에게는 인지행동치료가 더욱더 생소하다고 할 수 있다.

인지행동치료는 공황에 대한 대처능력을 키워 주는 교육과정이라고 간단하게 설명할 수 있는데, 그 내용은 앞장에서 언급한 것처럼 공황장애에 대한 자세한 교육, 복식 호흡, 근육 이완 훈련, 재앙화 사고 극복, 자극 감응 훈련 등이 포함된다. 이 책의 부록에 미국정신의학회에서 발간한 공황장애 치료 지침서를 일부 수록하였다.

공황장애 환자들이 지니는 생각의 오류에는 '가능성에 대한 과대평가'나 '재앙화 사고'가 매우 흔하다. 하지만 실제로 공황을 정확히 예측하기란 거의 불가능하다. 이와 같은 경로로 진행되는 공황장애의 일반적인 경과와 치료율은 대략적으로 다음과 같다. 일반적인 치료를 받은 환자들 중 절반에서 공황이 정기적으로 되풀이되거나 약한 공황 증상을 보이며, 약 30%는 회복되고, 약 20%는 심각하고 만성적인 증상을 보이기도 한다고 알려져 있다. 하지만 약물치료와 인지행동치료의 병합치료를 받은 경우는 60~70% 환자들이 약물을 끊고 생활하며, 80% 이상에서 높은 기능 상태를 유지하며 살아간다는 뛰어난 치료 성과가 보고되고 있다.

인지행동치료는 일대일 개인치료나 집단치료 방식으로 적용될 수 있으며, 보통 10~12주가량의 시간이 필요하지만 환자의 연습 정도나 치료 진행 속도, 치료자의 숙련도에 따라 치료의 효과는 상당한 차이를 보일 수 있다. 왜 이런 차이가 나는 것일까?

공황장애의 인지행동치료 과정은 수영을 배우는 과정에 비유할 수 있다. 여러 명이 동시에 3개월간의 수영 강습을 받아도 강습을 마칠 때면 수강생들의 실력 차이는 엄청날 수가 있다. 어떤 사람들은 50m 풀장을 열댓 번씩 여유 있게 왕복할 정도로 능숙해지지만, 어떤 사람들은 물에 뜨는 것도 제대로 못할 수 있다. 똑같은 수업을 받았는데 이러한 차이가 나는 까닭은 무엇일까? 그 이유는 다양할 것이다. 강습을 열심히 받았는지, 연습을 충분히 하였는지, 물에 빠지거나 물을 먹을 것에 대한 두려움을 얼마나 감당할 수 있는지, 타고난 소질이 있는지, 그리고 가르치는 코치의 숙련도는 어떤 수준인지 등이 이러한 차이를 설명할 수 있을 것이다.

인지행동치료는 수영 교습과 똑같은 원리라고 생각하면 된다. 흔히 인지행동치료를 권유할 때 '이 치료만 받으면 병이 다 좋아집니까?'라는 질문을 하는데 그렇지 않다. 왜냐하면 인지행동치료의 성과는 마치 수영의 기술처럼 완전히 몸과 마음이 체득하여 기술로 남아야만 치료적 효과를 경험할 수 있기 때문이다. 예를 들면, 공황장애치료의 시발점은 자신의 증상을 자세하게 관찰할 수 있어야 하는 것인데, 대부분 공황장애 환자들은 불안한 신체 증상이 생기면 그 불안에 압도되는 바람에 자신의 증상을 주의 깊게 관찰하지 않는다. 인지행동치료는 이런 관찰하는 습관을 익히는 과정부터 치료를 시작한다. 그리고 공황 증상에 대한 전문적인 생리적 설명을 배우게 되는데 이를 잘 이해하는 것만이 아니라 이런 내용들을 완전히 믿어야만 비로소 인지행동치료가 제 힘을 발휘하게 되는 것이다. 이런 과정을 몸에 잘 익힌 사람이 어떻게 반응하는지 사례를 통해 살펴보도록 하자.

어젯밤 TV를 보다가 잠을 청하려 잠자리에 들었습니다. 사실 어제는 하루 종일 스트레스가 심했습니다. 돈 문제와 시어머니 생신 때문에 계속 고민하던 하루였기 때문입니다. 자리에 눕자마자 침대가 두세 바퀴 돌더니 심각한 현기증이 몰려옴을 느꼈고 '이거 공황이 왔구나.'라는 생각이 반사적으로 엄습했습니다. 그러나 인지행동치료를 받은 뒤로는 무조건 이런 생각에 혼비백산하지 않게 되었습니다. '한번 어떤가 보자. 예전에 느꼈던 그 기분일까?' 그러한 호기심을 가지고 나의 증상을 관찰하게 되었습니다. 정말 신기하게도 신체 증상은 있는데 불안이 사라지는 경험을 하였습니다. 상당한 어지러움과 얼굴의 저린 감각이 약 10분 정도 지속되었지만, 전과는 달리 100% 안전하다는 믿음을 가지고 편안한 마음으로 복식 호흡을 하면서 이완하는 도중에 그냥 잠들고 말았습니다. 인지행동치료 받기 전이었다면 이런 증상이 오면 과호흡이 심해지고 곧 죽을 것 같은 생각이 커지면서 공황을 맞고 황급히 응급실을 가야 했을 것입니다.

이 사례에서 보듯이 인지행동치료는 공황을 다루고 대처하는 방법을 효과적으로 교정함으로써 치료 목적을 달성하도록 인도해 주는 것이다. 당연히 치료에 대한 믿음과 지속적인 연습이 치료 성패를 좌우하는 필수 요건이 된다.

인지행동치료는 공황을 완전히 극복하기 위해 어떤 체험을 어떻게 다루어야 하는지를 이해시키고 훈련시키는 과정이다. 예를 들어, 공황이 강하게 올 때 스스로의 신체 감각과 생각에 압도되어 놀라지 않고 침착하게 관찰하는 체험과 스스로 과호흡을 유도하여 그럴 때 느끼는 신체의 여러 불편한 증상들이 공황 때의 증상들과 어떻게 유사한지를 체험해야 한다. 공황도 아닌데 가슴이 이상하게 두근거리고 호흡이 가빠질 때 마음속에서 싹트는 불안이 어떻게 공황과 연관하여 나타나는지 자신의 생각을 들여다보는 체험 등 상당히 많은 체험을 거쳐야 공황장애를 극복할 수 있다. 이상과 같은 체험을 바탕으로 환자들이 스스로 자신의 생각을 발견하고 어떻게 바꾸어 가는지를 배우게 된다.

공황장애 환자들이 인지행동치료를 통해 학습하게 되는 핵심적인 내용은 다음을 포함한다.

- 공황과 불안은 정상적인 신체 반응이라고 생각한다.
- 100% 안전하다는 믿음으로 부교감신경을 활성화시킨다.
- 공황과 불안에 연관되는 자신의 생각 속에 숨어 있는 왜곡된 내용(재앙화 사고)을 찾아서 도전한다.
- 두려운 신체 증상이나 상황을 회피하지 않고 직면하여 수정된 생각이 옳다는 사실을 깨닫는다.

다음으로는 생각 바꾸기를 어떻게 하는지 질문과 답변의 형식으로 구체적인 예를 들어 설명해 놓았다.

질문 1 공황을 치료하기 위해서는 생각 바꾸기가 중요하다고 하는데, 생각 바꾸기란 도대체 무엇입니까?

답변 1 공황장애 치료의 핵심은 생각의 고리를 끊는 것입니다. 공황이 오거나 예기 불안이 생길 때 스스로에게 하는 혼잣말을 바꿀 수 있어야 한다는 것입니다. 대부분의 공황장애 환자들은 신체 증상이 오면 "위험해. 큰일 났어. 도움을 청해야만 해."라는 말을 자동적으로 하게 됩니다. 이런 혼잣말의 내용이 "안전해. 괜찮아."로 바뀌게 된다면, 그리고 그 혼잣말에 대한 믿음이 강해진다면 공황장애의 극복은 가까워지는 것입니다.

생각을 바꾸라는 말은 앞에서 언급한 공황에 대한 생각만 바꾸라는 말은 아닙니다. 흔히 공황장애 환자들은 스트레스에 예민합니다. 그 예민한 스트레스에 잘 대응하기 위해서는 스트레스에 반응하는 생각, 즉 생각하는 습관을 바꾸어야 합니다. 결론적으로 생각을 바꾸는 궁극적인 목적은 스트레스를 피할 수는 없으나 잘 다루어서 정신적인 안정을 유지하여 건강하게 살아가는 것입니다.

이러한 생각 바꾸기를 가장 효과적으로 할 수 있는 방법은 스스로의 생각에 질문을 하는 것입니다. 자신의 생각이 객관적이고, 합리적이고, 현실에 기초한 생각인지 알아보는 질문을 하는 것이 도움이 될 것입니다. 그러나 버려야 할 생각들도 있습니다. 습관적으로 만들어진 생각, 부정적인 생각, 합리화시키려는 생각 등 현실에 기초하지 않고 순전히 자신의 경험과 느낌에 의존하는 생각 등은 기분을 나쁘게 만들고 아무런 도움이 되지 않습니다. 특히, 예기 불안이나 공황 때 하는 습관적인 생각들은 공황장애의 극복에 장애가 될 뿐입니다.

공황에 대한 가장 효과적인 질문은 자신의 생각에 대한 증거를 찾아보는 것입니다. "너는 이제까지 숱하게 이런 증상을 겪으면서 그때마다 죽을까 봐 두려워했는데 한 번도 죽은 적이 없잖니? 공황이 생기면 죽을 거라는 증거가 있니?"라고 스스로에게 물어보는 것입니다. 그리고 "그래. 죽지 않는다면 도대체 뭐가 두려운데? 뭐가 어쨌단 말이야?"하며 자신의 생각에 대해 도전해 보는 것입니다. 이렇게 자신의 생각에 도전을 해 봄으로써 자신이 가졌던 재앙화 사고가 얼마나 실제적인 가능성을 왜곡해 왔는지를 깨닫게 될 수 있습니다.

다음의 예는 인지행동치료가 공황장애를 치료하는 데 어떤 치료적 근거를 갖는지에 대해 설명해 놓았다.

질문 2 공황이 심리적인 문제인가요? 아니면 생물학적으로 생기는 문제인가요?

답변 2 공황장애는 공황이 일어나기 쉬운 유전적인 취약성을 가지고 태어난 사람이 삶의 어느 시기에 과도한 스트레스나 대처 능력이 약화되어 균형이 무너져 취약성이 밖으로 나타난 것이라고 보는 견해가 지배적입니다. 따라서 과민해진 뇌신경계는 외부의 스트레스에 민감하게 반응하여 교감신경계가 과활성화되어 다양한 신체 증상들을 일으키고, 환자들은 그런 폭발적인 신체 증상을 겪으면서 나름대로 자신이 엄청난 위험에 처할 것이라는 엉터리 해석을 하게 되는 것입니다. 그래서 신경계의 과민성과 다양한 스트레스 호르몬, 그리고 공황 유발 물질들에 대한 특이 반응 등 공황장애는 생물학적인 문제로 생긴다는 것이 여러 가지 증거들을 통하여 증명되고 있습니다.

그런데 다음과 같은 흥미로운 실험을 통하여 생물학적인 원인으로 발생하는 공황장애가 심리적인 영향을 상당히 받는다는 사실을 알 수 있게 되었습니다. 공황장애 환자와 정상인에게 이산화탄소 가스를 흡입시키면 공황장애 환자는 공황을 일으키지만 정상인은 공황이 일어나지 않는다는 사실이 실험을 통하여 밝혀졌습니다. 그래서 공황장애 환자 20명을 10명씩 무작위로 A와 B 두 집단으로 나누고, A집단에 속한 환자들에게는 "당신은 방에 혼자 들어가서 의자에 앉게 됩니다. 그리고 나면 공황을 유발하는 이산화탄소 가스를 주입할 것이고, 가스가 나오면 벽에 붙어 있는 전구에 불이 들어올 것입니다. 단, 견디기 힘드신 분은 의자 옆에 붙어 있는 조절 스위치를 돌리면 가스 주입을 멈출 수 있습니다."라고 했고, B집단에 속하는 환자들에게는 단지 이산화탄소 가스를 주입할 것이라고만 해 주었습니다.

결과는 어찌 되었을까요? 당연히 가스 주입을 조절할 수 있는 A집단의 환자들에서 공황이 적게 나왔습니다. 그런데 이 실험에는 함정이 숨어 있었습니다. 조절 스위치라고 알려 준 스위치가 사실은 작동을 하지 않는 것이었습니다. 물론 환자를 속인 것이지만 생물학적인 원인으로 생기는 공황을 조절할 수 있다는, 즉 심리적인 안정만으로 막을 수 있다는 놀라운 결과를 도출해 낸 실험입니다. 이 실험의 결과를 통해 공황은 생물학적인 이유 하나만으로 유발되고 소실된다고만 보기 어렵다는 견해가 힘을 얻게 되었습니다. 즉, "공황은 환자의 심리적인 변수가 크게 작용할 수 있다."는 증거를 제공하여 공황장애 환자들의 공황에 대한 심리적 대처 능력을 개선시켜 공황을 극복하는 인지행동치료가 체계적으로 정립되는 계기가 되었습니다.

물론 최초의 공황 또는 초기의 공황 경험 단계에서는 생물학적인 부분이 강하게 작용할 것이라고 추측되지만, 여기에도 환자 자신의 심리적인 면이나 경험적인 측면이 상당하게 작용한다고 알려져 있습니다. 초기 공황 이후 만성화되는 공황은 사소한 신체 증상 및 외부 자극 인자(스트레스 등)가 방아쇠가 되고 환자가 잘못 해석(재앙화 사고)하거나 잘못 대처하는 과정을 통해 공황이 유발된다고 알려져 있습니다.

 질문 3 인지행동치료를 받고 나면 평생 동안 완치되는 건가요?

답변 3 병원으로 치료받으러 가는 길이 힘들고 험난해도 일주일에 한 번 자기 힘으로 병원을 찾아가는 것 역시 치료의 일환입니다. 함께 치료받는 동료들과 깔깔 웃기도 하고 신경전을 펴기도 하고 자신들의 증상을 서로 이야기하고 격려하고 동조하는 것 역시 치료약이 될 것이며, 매주 해야 하는 과제를 연습하고 연구하는 것 역시 치료의 큰 부분을 차지합니다. 집단으로 인지행동치료를 받으면서 힘들 때 서로 이해해 줄 수 있고 전화할 수 있는 동료를 만나는 것 역시 향후 치료에 많

은 도움을 줄 것입니다.

　인지행동치료는 치료의 왕도를 가르치는 굵은 나무라고 생각합니다. 그 굵은 나무의 줄기 줄기를 정확히 이해하여 자기 것으로 만드는 것이 이 치료의 목적이고, 그것이 실현되었을 때 완치라는 큰 과실을 따내게 됩니다. 심리교육, 복식 호흡, 근육 이완, 생각 바꾸기, 직면 치료 등이 인지행동치료의 전부가 아닙니다. 또 배웠다고 모든 문제가 한번에 해결되는 단순한 과정이 아닙니다.

　심리교육을 통해서 공황에 대해 정확하게 이해하고, 그런 이해를 바탕으로 자신의 증상에 대한 믿음이 생겨야 합니다. 그런 믿음하에서 자신의 신체 증상을 조절할 수 있는 신체 조절법을 적절히 터득하셔야 하며, 반복적인 노출 훈련으로 본인의 신체 증상이 크게 문제될 것 없는 일시적인 증상이라는 것을 깨달을 수 있어야 합니다. 또한 생각 바꾸기, 인지수정 기법을 터득하여 닫혀 있었던 본인 생각의 패턴과 습관을 교정할 수 있어야 합니다.

　복통에서 완전히 회복되었다고 해서 절대 다시 체하지 않는 게 아닙니다. 체하지 않기 위해서 음식을 조절하고 조심해서 먹어야겠지요. 감기에서 완쾌되었다고 다시 감기 걸리지 않는 것 역시 아닙니다. 몸을 청결하게 하면서 체온을 일정하게 유지시켜 감기 바이러스에 노출되지 않게 해야겠지요. 완치되었다고 재발하지 않는 것이 과연 우리 신체에 얼마나 있습니까?

　재발하지 않도록 조심하고 주의해야 하듯이 인지행동치료 후 좋아지는 과정에서 조심하고 주의해야 할 것이 너무나 많습니다. 치료 후 일시적으로 좋아졌다고 해서 예전처럼 과음을 한다든가, 급한 성격이나 예민한 성격 또는 의심 많은 성격이나 강박적 성격과 같은 성격적인 부분들을 조절하지 못한다든가, 주변의 환경을 정리하지 못하여 또다시 그런 환경 속에 노출된다든가 하는 공황을 유발시킨 환경적, 성격적 요인들을 과감히 정리하거나 조율하지 못하고 다시 반복한다면 어찌 재발되지 않는다고 보장할 수 있겠습니까?

공황 환우분들은 모두 서로 다른 발생 원인과 재발 가능성을 가지고 있을 것입니다. 따라서 "정확히 무엇, 무엇을 조절해야 완치된다."라고 확언해드릴 수는 없습니다. 자신이 무엇을 어떻게 조절해야 하는지 곰곰이 돌아보시길 바랍니다. 문제는 알겠는데 고치는 것이 힘들다면, 그 문제를 주위 환우들과 상의하고 해답을 찾아가는 것도 좋을 것입니다. 함께 치료받았던 혈맹과도 같은 치료기수 동료들에게 도움을 요청하시거나, 공황장애 자조 모임을 이용하시는 것이 중요합니다.

또한 이완의 생활화가 몹시 중요합니다. 부드럽게 말하고 천천히 식사하고 천천히 걸으며 얼굴에는 항시 미소를 머금고 하늘을 자주 쳐다보고 힘든 일을 할수록 마음속으로 유쾌한 노래를 자주 부르며 느긋하고 여유 있게, 그러나 자신 있게 하루를 보내 보십시오. 이것이 여러분의 마음을 풍요롭게 만들어 줄 것입니다. 막 떠나가는 나룻배를 보면서 늦게 도착한 것을 안타까워하지 말고 "내가 (다음 배 출발 시간보다) 너무 일찍 왔구나."라고 말할 수 있는 마음가짐이 필요합니다. 자신이 변화시킬 수 없는 어쩔 수 없는 상황에서 본인이 어떤 마음가짐을 가지느냐가 공황완치에 결정적인 역할을 할 것입니다.

본인이 만든 기준과 원칙에 너무 집착하지 않는 것이 중요합니다. 자신이 세워 놓은 원칙과 기준이 너무 편협하거나 까다롭지는 않은지 생각해 보시길 바랍니다. 내가 세워 놓은 기준이 너무나 엄격한 나머지 화가 나고 짜증이 나는 줄 모르고 남들이 알아서 변해 주기를 바라고 있지는 않습니까? 물론 변할 수 없는 한계원칙이란 것도 있습니다만 그 기준이나 원칙에 좀 더 여유를 가져 보십시오. 그렇게 키워진 원 안으로 들어오는 상대방의 실수나 잘못에 대해 웃음으로 반응해 보십시오. 훨씬 편안해지실 겁니다.

다시 증상이 재발하여 불쾌한 신체적 증상으로 압도되는 경험을 하실 수도 있습니다. 그러나 중요한 것은 그 경험의 원인과 결과를 본인에게서 찾아 적용하는 것입니다. 공황이 무엇인가? 왜 나에게 발생했는가? 두려움이 없어질 정도로 신체 증상에 대해 충분한 이해했는가? 어떤 방법으로 이를 치료해 나갈 것인가? 그리고 어떻게 유지해 나갈 것인가? 이러한 질문들에 대해 정확히 이해하는 것이 중요합니다. 이것에 대해서만 명확하게 이해하신다면, 재발된다 하더라도 금방 대처할 수 있다는 자신감을 가지실 수 있을 것입니다. 바로 이것이 완치입니다.

공황장애 인지행동치료 프로그램의 내용은 1) 공황장애에 대한 구체적 정보를 제공하는 과정, 2) 호흡의 재교육과 근육 이완 훈련 과정, 3) 공황장애를 가지고 있는 환자에게서 발견되는 잘못된 생각의 교정으로 ① 가능성에 대한 과대평가, ② 재앙화 사고 등을 변화시키는 과정, 4) 신체 내적 자극에 노출을 시켜 신체 증상에 대한 두려움을 경험을 통해 바꾸는 과정, 5) 일상생활 속에서의 자극 감응 훈련 등으로 구성되어 있다.

외국에서는 이미 50여 년 전부터 공황장애의 인지행동치료가 시행되어 왔으나, 우리나라에서는 저자가 20여 년 전 UCLA에서 크라스크 교수로부터 인지행동치료를 연수하고 돌아와 공황장애 클리닉을 운영하면서 본격적으로 시행되고 있다. 외국의 MAP-II 프로그램에 개인별 면담과 집단치료의 장점을 가미하였고, 생각 바꾸기 과정을 강화시켰으며, 간증 및 집단 직면 훈련 등의 요소를 가미하여 치료의 효과를 극대화시켰다.

이 메타 통합심리치유 연구소 공황장애 및 공포증 센터(www.mettaa.com/02-6674-8881)에서는 약물 사용 여부에 관계없이 환자들이 참여할 수 있다는 것이 장점이며, 매주 한 번씩 방문하여 2시간 30분 정도에 걸쳐서 통합심리치료 프로그램을 받으며, 총 12주(3개월)에 걸쳐 치료가 진행된다.

지난 20여 년 동안 약 8,000여 명의 공황장애 환자들이 필자가 리드하는 인지행동치료 프로그램을 마쳤다. 프로그램을 마친 환자들의 95% 이상에서 아주 만족스러운 결과를 보고하고 있으며, 특히 80%가 넘는 환자들은 약을 끊고 생활할 정도로 강력한 치료 효과를 보이고 있다.

공황을 다루는 가장 빠르고
강력하고 효과적인 방법

인간은 의식적 또는 무의식적으로 위험을 감지하면 자신을 위험으로부터 보호하기 위하여 불안 체계를 작동시키고 스트레스 호르몬을 방출하여 교감신경계를 활성화시키면서 신체를 순식간에 싸우거나 도망치기에 적합한 전투태세로 만들어 놓는다. 물론 공황장애를 가진 환자들은 이 교감신경계의 활성화가 거의 폭발적으로 나타나는 과민성을 가졌기에 다양한 신체 증상을 위험한 것으로 잘못 해석하는 것이다.

따라서 공황을 조절하는 가장 강력하고 효과적인 방법은 부교감신경계를 활성화시켜서 교감신경계의 활성화를 가라앉히는 것이다.

그러면 부교감신경계를 어떻게 활성화시킬 수 있을까? **부교감신경계를 활성화시키는 방법은 100% 안전하다는 믿음을 가지는 것이다.** 안전하다는 믿음은 스트레스 호르몬을 파괴하여 교감신경계의 활성화를 가라앉히고 우리의 신체를 안전하고 평화로운 상황에 맞추어 변화시킨다. 그런데 공황이 안전하다는 믿음은 절대적이어야만 한다. 1%의 의심만 있어도 공황을 가라앉힐 수 없다. 즉, 믿음은 믿느냐 안 믿느냐의 두 가지 선택일 뿐이다. 공황은 고통스럽지만 절대로 위험하지 않다는 절대적인 믿음만이 공황을 조절하는 가장 빠르고 강력하고 효과적인 방법인 것이다. 지금까지 개발된 어떤 항불안제도 부교감신경계만큼 빠르고 강력하게 작동하는 약은 없다.

●

건강한 공황 대처법

공황을 극복하기 위해서는 반드시 '재앙화 사고'를 근절시켜야 한다. 이것은 아무리 강조하여도 지나침이 없다. 실질적인 위험이 존재하지 않더라도 가상의 위험에 대비하기 위해 교감신경계가 흥분하고, 이로 인해 유발된 다양한 신체 증상을 조절하기 위해서는 '나는 지금 위험해' '혹시 ~하면 어쩌지'식의 사고들로 특징지어지는 재앙화 사고의 단계를 제거해야만 한다. 그런 뒤에야 불안의 정상적인 신체 반응들을 정상적인 반응으로 다룰 수 있게 될 것이다.

√ 상황을 직면하고 피하지 말자 – 이미 공황이 온몸을 휩싸기 시작한다는 것은 무언가에 내 몸이 자극을 받아 교감신경계가 흥분하고 있다는 것이다.

- 감정을 받아들이고 싸우려 하지 말자 – 교감신경계의 흥분은 위험한 현상이 아니라 내 몸이 나를 보호하기 위해서 무진 애를 쓰고 있다는 신호일 뿐이다.
- 공황의 경험에 몸을 맡기고 흘러가게 하자 – 어차피 일어날 일은 일어나는 법이므로 저항할 필요가 없다 – 수영 중에서 특히 배영을 하기 위해서는 온몸의 힘을 빼고 물에 빠지지 않을 것이라는 믿음을 가지고 몸을 물에 맡겨야 한다. 힘을 주고 허우적댈수록 더욱 물에 빠지게 되는 것이다.
- 시간을 보내라 – 이 경험은 결국 끝나게 마련이다. 불안의 느낌은 사라질 것이다.

복식 호흡과
근육 이완법

공황장애 인지행동치료 프로그램을 진행하다 보면 복식 호흡과 근육 이완을 통해 많은 환자들이 즉각적으로 몸이 편안해지는 느낌을 받는다고 보고한다. 프로그램을 진행하는 그 자리에서 "이렇게 하면 신체적 증상을 극복할 수 있을 것 같다."라는 느낌이 든다는 희망적인 말을 하는 환우들도 간혹 있다. 그러나 시간이 흐른 뒤에도 이 방법을 자신의 생활 습관으로 굳히고 살아가는 사람은 그렇게 많지 않은 것 같다.

공황장애 인지행동치료 프로그램에서 생각의 중요성을 너무 강조하다 보니, 상대적으로 복식 호흡과 근육 이완 훈련의 중요성이 소홀하게 생각되었을 수도 있을 것이다. 그러나 공황을 정말로 완치했다고 자신하는 사람들 대부분은 이 방법을 생활화하고 있다. 그러므로 이 장에서는 공황장애 증상 중 과호흡의 중요성을 이해시키고 복식 호흡과 근육 이완법을 소개하고자 한다.

복식 호흡법

과호흡의 증상

앞서 언급했듯이 '숨 가쁜 느낌'은 공황을 겪을 때 흔히 나타나는 증상이다. 사실 공황의 가장 흔한 증상 중 첫 번째가 숨 가쁨이고 그 뒤로 빠른 심장박동, 땀 흘림, 어지러움이다. 숨 가쁨 때문에 극도의 절박함을 경험하는 환자들은 추운 날씨, 밀폐된 공기를 피하는 등의 예방 조치를 취하는 경우가 많다. 갑작스런 심장마비를 두려워하는 어느 환자가 호흡이 얕아지고 빨라질 때 공황을 경험하였다. 그 당시 숨을 편하게 쉬기 위해 계속 헐떡거렸고 그 후로는 신선한 공기에 대해 예민해져서 추운 겨울 날씨에도 불구하고 자동차 문을 모두 열고 운전하기도 했다. 과호흡 증상을 겪는 어느 교사는 겨울에도 수업하는 교실의 모든 창문을 열고 수업을 진행해서 학생들에게 미움을 사기도 하였다.

과호흡은 공황을 유발시키는 데 기여하기도 하고, 공황 때 나타나는 증상 중 하나에 속하기도 한다. 빠르고 얕은 호흡은 머리가 핑 도는 느낌, 빠른 심장박동, 질식감, 손가락과 발가락의 마비감, 가슴의 압박감, 얼굴이 붉어지는 것과 같은 공황의 신체적 증상을 일으키며, 이러한 증상들이 공황장애를 더 심화시킬 수도 있다.

환자가 신체적 증상들에 대해 부정적인 해석을 덧붙이기 시작하면 공황이 촉발되거나 심화된다. 흔히 나타나는 부정적인 해석들로 '머리가 너무 가볍고 어지러워. 의식을 잃거나 통제력을 잃을지도 몰라.' '심장이 너무 세게 뛰고 있어. 이러다 죽는 거 아냐?' '가슴에 압박이 너무 심해. 심장마비가 오나 봐.'와 같은 것들이 있다.

호흡의 생리학

올바른 호흡법을 배우기 전에 과호흡이 신체에 어떤 영향을 미치는지에 대해 간단하게 살펴보자. 신체는 생존을 위해 산소를 필요로 한다. 숨을 들이마실 때마다 산소는 폐 속으로 들어가며 그곳에서 피 속의 헤모글로빈과 결합한다. 헤모글로빈은 산소를 구석구석으로 운반해서 산소를 필요로 하는 세포에 공급한다. 세포는 에너지 반응에 산소를 사용하고, 그 결과 이산화탄소라고 불리는 부산물이 생산된다. 이 이산화탄소는 다시 혈액을 통해 폐로 가서 몸 밖으로 배출된다.

신체 에너지 반응의 효율적 조절은 산소와 이산화탄소의 균형을 어떻게 일정하게 유지하는가에 달려 있다. 이 균형은 호흡의 적절한 횟수와 깊이에 따라 유지된다. '너무 많이' 호흡을 하게 되면 체내로 유입된 산소가 들어온 만큼 사용되지 않기 때문에 산소량이 확실히 증가되며(혈액 내에서만), 상대적으로 이산화탄소는 밖으로 많이 배출되기에 혈중 이산화탄소의 양은 감소된다. 편안히 쉬고 있을 때의 적절한 호흡 횟수는 분당 10~14회 정도다.

신체 기능의 대부분은 '자동적인' 화학적, 생리적 기제에 의해 조절되며, 호흡도 예외는 아니지만 자신의 의지로 조절할 수도 있다. 예를 들면, 수영을 할 때 물속에서 호흡을 멈추는 것은 아주 쉬운 일이며, 반대로 풍선을 불 때 숨을 빨리 쉬는 것도 어려운 일이 아니다. 또한 감정이나 스트레스 혹은 습관 등과 같은 몇 가지 비자동적인 요소들이 호흡을 증가시키는 원인이 되기도 한다. 공황 환자들에게는 이러한 요소들이 특히 중요하다.

과호흡이란 어떤 특정한 시기에 신체가 필요로 하는 수준보다 지나치게 많이 호흡하는(빈도와 깊이 모두) 것을 뜻한다. 만일 신체의 산소 요구량과 이산화탄소 생산량이 모두 증가했다면(운동하고 있을 때처럼), 호흡은 이에 비례하여 증가해야 한다. 반대로 산소 요구량과 이산화탄소 생산량이 모두 감소했다면(휴식하고 있는 경우) 호흡은 적절히 감소되어야만 한다.

한 가지 흥미 있는 사실은, 대부분의 사람들이 산소가 호흡을 결정하는 가장 중요한 요소라고 생각하지만 실제로 신체는 이산화탄소를 적절한 호흡의 '지표'로 삼고 있다는 점이다. 따라서 과호흡으로 초래되는 가장 중요한 변화는 이산화탄소 농도의 현저한 저하다. 이는 다시 혈액의 산성도를 저하시켜서 혈액이 알칼리화되도록 한다. 혈액 내 이산화탄소 농도의 감소와 알칼리화는 과호흡 시에 나타나는 신체적 변화의 가장 중요한 원인인 것이다.

과호흡에 의한 가장 중요한 변화 중 하나는 혈중의 높은 산소가 세포에 해롭기에 산소를 세포에 많이 전달하지 않으려는 시도로서 체내 혈관의 수축을 일으킨다. 특히, 뇌로 가는 혈액량이 약간 감소된다. 이와 함께 헤모글로빈과 산소 사이의 결합력을 증가시켜서 세포에 산소를 많이 주지 못하게 하려는 생리적인 활동이 시작된다. 그 결과 신체 특정 부위에 도달하는 혈액량이 감소할 뿐 아니라 혈액에 의해 운반되는 산소도 조직 내로 잘 방출되지 못하게 된다. 역설적이긴 하지만, 과호흡은 우리가 보다 많은 산소를 섭취하려는 수단임에도 불구하고, 실제적으로 우리의 뇌나 신체 특정 부위에 공급되는 산소량은 오히려 감소하게 되는 것이다.

그 결과 두 가지 부류의 증상이 초래된다.

✓ 첫째, 중추 증상으로서, 대뇌로 공급되는 산소량의 감소로 인한 증상들(현기증, 어질어질함, 혼란감, 질식감, 시야가 흐릿해짐, 비현실감)이다.
✓ 둘째, 말초 증상으로서, 신체 특정 부위로 공급되는 산소량의 감소로 인한 증상들(심박동 증가, 사지의 감각 둔화, 저림, 한기, 근육 긴장 등)이다.

여기서 꼭 기억할 점은 과호흡의 결과로 유발된 과잉 산소에 적응하기 위해 신체 보호 차원에서 산소량의 감소가 나타나긴 하지만, 산소량의 감소는 매우 적으며 일시적인 현상이기 때문에 신체에 전혀 해롭지 않다는 것이다. 숨이 막히는 증상이나 질식할 것 같은 느낌을 경험하기 때문에 마치 산소가 부족한 것처럼 느껴지지만, 사실은 우리 체내에 산소가 너무 많은 상태인 것이다.

과호흡으로 유발되는 전신 증상에 대해 살펴보자.

✓ 첫째, 과호흡은 그 자체가 격심한 신체 활동이기 때문에 과호흡으로 무덥거나, 화끈거리고, 땀이 나는 느낌이 흔히 들 수 있다.
✓ 둘째, 장시간 과호흡을 하면 쉽게 피로감을 느끼고 지치게 된다.
✓ 셋째, 과호흡을 하는 사람들은 흉식 호흡을 하는 경향이 있는데, 흉식 호흡을 하면 흉부 근육이 긴장하여 피로감을 느끼게 되고 그 결과 가슴이 조이는 것 같은 흉부 압박감이나 통증을 느끼게 된다.

마지막으로 과호흡을 하는 사람들은 한숨을 자주 쉬거나 하품을 하는 버릇이 생긴다. 한숨을 쉬거나 하품을 할 때마다 많은 양의 이산화탄소가 재빨리 몸 밖으로 배출되기 때문이다. 따라서 이 문제를 해결하기 위해서는 자신의 습관적인 한숨과 하품을 알아채고 그것을 억제해야만 한다.

이런 증상들을 경험하긴 하지만 평소 때 과호흡을 하거나 숨을 헐떡이지는 않는다고 말할 수도 있다. 과호흡을 하고 있다는 것을 스스로 알아차리기 힘든 경우도 많다. 특히 장기간에 걸쳐 약간씩 과호흡을 해 온 사람의 경우가 그렇다. 장기간 과호흡을 하게 되면 이산화탄소의 현저한 저하는 발생할 수 있지만 신체의 보상작용(신체 균형을 일정하게 유지하려는 신체 자율 기능) 때문에 혈액의 알칼리화는 거의 일어나지 않는다. 혈액의 산성도가 정상이기 때문에 별다른 증상이 나타나지 않지만, 평상시에도 이산화탄소 농도가 계속 낮은 상태로 있기 때문에 이산화탄소 농도 변화에 대처하는 능력의 일부가 상실된다. 그 결과 하품 등 호흡의 작은 변화로도 갑자기 증상이 촉발될 수 있으며, 이것은 갑작스런 공황을 일으키기도 한다.

과호흡에서 가장 중요한 점은 위험하지 않다는 것이다. 사실 병원에서 뇌파 검사 같은 검사를 할 때 인위적인 과호흡을 하도록 환자에게 요구하는 경우도 흔하다. 호흡 양상은 응급 반응의 핵심 부분이다. 따라서 그 자체는 위험하지 않고 오히려 위험으로부터 신체를 보호해 주는 것이다. 과호흡과 관련되어 나타나는 신체적 변화는 앞에서도 언급한 바와 같이 실제적인 외부의 위험으로부터 신속히 대처하도록 신체를 준비시키기 위한 것이다. 만일 도주나 싸움이 실제로 일어난다면 산소가 급격히 소모되므로 과호흡 상태는 일어나지 않을 것이다. 하지만 과호흡 상태가 된다고 해도 위험한 것은 아니다.

때때로 사람들은 너무 오래 과호흡을 하면 결국 신경쇠약이나 어떤 나쁜 일이 일어나지 않을까 걱정한다. 그러나 우리의 몸에는 자연적인 보상 기전이 작동하고 있어서 혈액의 산성도가 적절하게 유지되기 때문에, 만성적인 과호흡을 하고 있다 하더라도 적응에 큰 무리가 없다. 또한 과호흡을 했을 때 기절하지 않을까 하고 걱정하는 경우가 있다. 그러나 기절은 과호흡으로는 나타나지 않는다. 실제로 일어난다고 하더라도 이전에 기절을 한 병력이 있는 사람에게서만 나타나는 것이다.

과호흡의 진단을 위한 실험과 대처 방법

치료를 받는 과정 중에서 환자들은 그들이 겪는 공황에서 과호흡 증상이 나타나는지의 여부를 알아보기 위해 간단한 실험을 해 본다. 공황 때 나타나는 과호흡을 더욱더 잘 이해하기 위해서 환자들의 동의와 협조를 얻어서 진행하는 실험이다. 다음과 같이 과호흡 테스트 실험을 진행한다.

---

¹⁾ 과호흡 테스트 주의: 이 테스트는 간질이나 고혈압 환자, 임산부 등에게는 위험을 초래할 수 있으므로 조심해야 한다.

"이제 호흡에 관한 간단한 테스트를 하겠습니다. 제가 시작하라고 하면 얕고 빠른 호흡을 2분 동안 해 주시기 바랍니다. 원하신다면 그만두고 싶을 때 그만두셔도 됩니다. 그러나 가능하면 2분 동안 계속 해 주시길 바랍니다."

"이 테스트를 시작하기 전에, 지금 불안감을 느끼시는지 말씀해 주시기 바랍니다. 0~100까지의 범위를 사용해 주시면 더욱 좋습니다. 예를 들어, '0'은 완벽하게 침착한 상태이고 '100'은 완전히 겁에 질린 상태입니다. 이 범위 중 어떤 수치를 사용하셔도 무방합니다. 20/100 정도는 살짝 불안을 느끼는 상태이고, 50/100은 중간 정도의 불안 상태, 80/100은 절박한 상태 등으로 표현될 수 있을 것입니다. "현재 불안 수치는 어느 정도입니까?" "현재 특별한 신체적 증상을 경험하고 계시진 않습니까?"

(환자가 지시사항을 완전하게 알아들었다는 것을 확인한 뒤 치료자는 테스트를 시작한다.)

"자, 이제 과호흡을 시작하십시오. 2분이 경과되면 멈추라고 말씀드리겠습니다."
(치료자가 과호흡을 시범으로 보여 줘서 어떤 방식으로 호흡해야 하는지 알려 주기도 한다.)

이 테스트가 끝났을 때 환자는 다시 자신의 불안 수치를 평정하고, 새로 나타나거나 지속되는 신체적 증상을 말하게 된다. 대부분의 경우 환자들은 과호흡 테스트에서 경험한 증상을 자신이 공황을 겪을 때 느끼는 몇몇 증상과 일치한다는 것을 깨닫게 된다.

　"제가 공황을 겪을 때 나타나는 증상들과 매우 비슷했어요. 하지만 테스트에서 느낀 증상들은 현실감이 덜하고 두려움도 없었어요." 라고 종종 환자들은 말한다.

　과호흡 테스트를 한 후 불편한 신체적 감각을 없애기 위해서 조그마한 종이봉투를 사용해서 천천히, 그리고 고르게 숨을 쉬도록 한다. 종이봉투나 자신의 손으로 코와 입을 가리고 약 1분가량 자가 호흡을 하면 대부분의 신체적 증상이 안정되는 것을 경험할 수 있을 것이다.

　과호흡 테스트를 통해서 몰랐던 사실에 대한 정확한 정보를 알 수 있게 된다. 과호흡 실험을 하였을 때 환자들은 어지럽고 머리가 비어 있는 느낌을 느끼게 되었고, 이런 증상들을 두려운 눈으로 바라볼 때 공황이 생긴다는 것을 알게 된다. 어지러움과 머리가 가벼워지는 느낌 혹은 머리의 압박감 등을 경험하면서 자신의 뇌에 무엇인가 문제가 있다고 잘못 해석했던 것이다. 만약 일부 환자들이 암에 대한 공포를 가지고 있다면, 과호흡 증상을 잘못 해석해서 뇌에 암과 비슷한 종양이 있는 것으로 생각할 수도 있다. 이렇듯 과호흡으로 유발된 신체적 증상에 대한 부정적 해석이 환자들에게 공황을 유발시키는 중요한 요인 중 하나가 된다. 이런 테스트를 통해서 환자들은 증상에 대한 정보를 제공받고, 신체적 증상에 대한 잘못된 해석을 교정하여 안정을 되찾을 수 있게 된다.

복식 호흡법

과호흡의 원인

사람들이 왜 습관적으로 과호흡을 하는지는 아직 밝혀지지 않았다. 하지만 거기에 기여하는 두 개의 요인은 찾아냈다. 첫 번째, 호흡기 질환에 문제가 있는 사람들(예를 들어, 천식)은 과호흡을 할 가능성이 크다. 두 번째, 질식에 관해 아주 큰 두려움을 가지고 있는 사람 역시 과호흡을 할 가능성이 높은데, 폐에 충분한 공기가 들어가지 않는다는 걱정에 대한 보상 작용으로 과호흡을 한다.

질식에 대한 두려움과 공황장애는 연관이 있는 것으로 보인다. 환자의 호흡기 질환이든 질식에 대한 부정적인 해석이든 이러한 두려움이 공황을 일으킬 수 있고, 공황의 기초를 제공할 수도 있다. 질식에 대한 두려움이 있는 사람은 밀폐되고 좁은 공간에 있으면 '충분한 산소를 공급받지 못할 것'이라는 생각에 공황에 빠질 우려가 큰 것이다. 이런 환자들을 치료하기 위해서는 치료 도중 가벼운 공황을 일으키려고 의도적으로 조그맣고 밀폐된 방 안에 몇 분 동안 있도록 요청하기도 한다.

복식 호흡법

호흡 재훈련은 근육 이완 훈련과 더불어 공황장애 치료에 사용되는 매우 유용한 이완 훈련 중 하나다. 이것은 특히 과호흡 경향이 있는 환자들에게 도움이 된다. 이 훈련의 단기적인 목표는 과호흡으로 호흡이 곤란하다고 느낄 때나 불안 반응 시에 나타나는 다양한 신체적 증상을 호흡을 통해서 감소시키는 것이다.

그러나 보다 장기적인 목표는 환자 스스로 차분하고 고른 호흡을 할 수 있도록 만들어서 전반적 이완 상태를 촉진시키고, 비적응적 악순환을 중지시키기 위한 것이다. 이런 호흡 방법을 통해서 1분에 16~20번 쉬는 숨을 8번 정도로 줄이고 부드럽고 천천히 호흡할 수 있는 방법을 배운다. 호흡 훈련을 실시하면서 치료자가 환자의 숨쉬는 정도와 패턴을 관찰하고, 이를 보정해 준다. 다음은 그 예다.

- ✓ "자, 편안한 복장으로 편안한 자세를 취하십시오. 가장 편안하고 이완된 자세로 호흡에 집중해 주십시오. 폐를 꽉 채워 준다는 느낌으로 코로 깊이 숨을 들이쉬십시오. 좋습니다. 잠시 숨을 멈추십시오. 자, 이제 공기를 모두 빼내세요. 그리고 공기를 빼내듯이 몸 안의 모든 긴장을 내보내십시오."
- ✓ "자, 이제 다시 폐를 채우세요. 천천히 숨을 들이마시고요. 멈추시고. 자 이제 다시 내보내 주세요."
- ✓ "숨을 들이쉬고요, 다시 숨을 멈추었다가 숨을 내보내세요."
- ✓ 몇 분간의 느리고 고른 호흡 후에 치료자는 환자에게 스스로 이것을 반복하도록 격려해 준다.
- ✓ "이제 환자분께서 이 숨을 쉴 때 제가 지시해드렸던 사항을 스스로 반복해 주시길 바랍니다."

이 방법은 터득하기 쉬운 편으로, 조금만 익숙해지면 이런 방법을 통해 긴장이 풀리면서 이완되는 느낌을 받게 된다. 불안 반응의 최

복식 호흡법

초 유발 인자들(예를 들어, 무감각, 심장박동의 빨라짐 등)이 감지되거나 과호흡을 시작할 때 이 방법을 적용해 보는 것이 도움이 된다.

복식 호흡은 산소를 흡입하는 동안 횡격막이 늘어나기 때문에 횡격막 호흡이라고도 한다. 이 호흡은 심장박동, 신진 대사율, 혈당 수준, 폐 질환 유발인자, 근육 긴장, 피로와 고통의 감각을 줄이는 것으로 확인되었다. 느리고 고르게 호흡하다 보면 숨을 내쉴 때 맥박이 느려지고, 뇌파가 안정되며, 혈압이 내려가는 것을 확인할 수 있다. 뿐만 아니라 여러 가지 호르몬의 분비나 신진대사도 활발히 움직일 때보다 느려진다.

복식 호흡법을 처음 배울 때는 배를 내밀며 들이마시고 배를 들여보내며 숨을 내쉬는 식으로 배우는 경우가 많다. 그런데 실제로는

호흡 조절 훈련

1. 조용하고 안락한 장소에서 편안한 자세로 실시한다.
2. 한 손은 가슴 위에, 다른 한 손은 배꼽 위에 놓고 되도록 배 위의 손만 오르내리도록 하면서 호흡을 한다. 즉, 가슴은 가만히 두고 배로 숨을 쉰다.
3. 들이쉬면서 마음속으로 '숫자'를 세고, 내쉬면서 '편안하다'라고 마음속으로 말한다.
4. 몸의 긴장을 풀고 부드럽게 호흡하면서 평소의 정상적인 호흡 횟수와 깊이를 유지한다. 무리하지 않아야 한다.
5. 호흡하면서 배 위의 손에 정신을 집중한다.
6. 하루 두 차례, 한 번에 10분 이상 연습한다.
7. 연습 결과를 호흡 훈련 기록지에 기록한다.

그렇게 숨을 쉬는 것은 자연스럽지 못한 방법이기에 잘 안 된다. 또 속도를 느리게 하라는 주문은 더욱 따라 하기 어렵다.

복식 호흡법을 배울 때는 자신의 평소 자연스러운 호흡을 잘 관찰하는 것이 중요하다. 그러고 나서 자신의 호흡의 문제점을 파악하고 아주 천천히 교정해 가면서 원칙에 맞추어 나가도록 한다. 급격한 호흡 방식의 변화는 당연히 어지럽고, 오히려 숨이 답답하거나 숨이 차는 결과를 가져온다. 몇 초 동안 내쉬고 들이쉬라는 식의 관념을 버리는 것이 좋다. 가장 중요한 것은 원칙을 알고 연습을 하되 자신이 이제까지 해 온 습관을 아주 천천히 교정한다는 자세로 연습하는 것이다.

복식 호흡을 10분 이상 반복하다 보면, 몸과 마음이 편안해지는 것을 느낄 수 있다. 전체적으로 편안한 느낌을 느끼면서 스스로에게 자기 암시를 주는 것도 공황을 이겨내는 데 도움이 된다.

인지행동치료는 '공황은 죽음을 초래하거나 미치게 만들지 않는다.'는 것을 반복해서 '배우고, 믿고, 행동' 함으로써 스스로의 뇌에다가 강력한 자기 암시를 거는 방법이라고도 할 수 있다. 그러나 마음이 안정되지 않고서는 이러한 자기 암시가 그다지 효과를 발휘하지 못한다. 공황이란 끔찍한 고통 속에서 긍정적이고 발전적인 자기 암시를 정상적으로 해 낸다는 것이 쉽지 않기 때문이다. 따라서 복식 호흡과 같은 이완을 통해서 온몸을 편안하게 만들어 둔 상태에서 스스로에게 자기 암시를 거는 것이 중요하다.

이완의 생리

근육이 이완된 상태에서는 위험으로부터 도망치거나 맞서 싸우기가 어렵기 때문에 일반적 불안의 특징인 각성과 경계 상태에서는 당연히 근육 긴장이 나타나게 된다. 이것은 어떤 행동을 취하기 위해 필요한 준비 단계이기 때문에 생존을 위해 꼭 필요한 반응이다. 그러나 근육을 잔뜩 긴장시킨 후 실제로 어떤 행동이 뒤따라 일어나지 않으면, 긴장으로 생긴 신체 증상들은 더욱 증폭되어 느껴진다. 이렇게 지속되는 긴장은 두통과 심한 피로감, 근육통과 같은 다양한 신체적 감각을 초래할 수 있다. 게다가 신체적 긴장과 공포감 사이에는 강한 연관이 있기 때문에 근육의 긴장감이 위험이나 위협에 노출되어 있는 느낌(실제로는 그렇지 않더라도)을 유발하는 경우가 많다.

이완은 스트레스 또는 불안한 상황에서 신체가 보이는 반응에 반대되는 생리적 상태다. 교감신경의 오작동과 과민 반응으로 온몸의 근육이 긴장하게 되는데, 이를 이완시키기 위해서는 부교감신경계를 활성화시켜야 한다.

우리 몸이 충분히 이완되면 심박동 감소, 호흡 횟수 감소, 혈압 저하, 골격근의 근육 긴장 감소, 대사율 및 산소 소모량 감소, 피부 저항의 감소, 뇌의 알파파 증가라는 생리적 변화가 발생한다. 따라서 깊은 이완 상태를 유지할 수만 있다면 불안이나 공포가 같이 존재하기 어렵다. 뿐만 아니라 일상생활에서도 스트레스의 누적을 방지해서 불면이나 피로감을 줄이고, 기억력과 주의집중력을 증가시키며, 고혈압, 두통 등의 정신신체 장애에도 도움이 된다.

근육 이완법

전반적인 긴장 상태를 해소시키거나 갑자기 놀랐을 때 나타나는 신체적 긴장을 감소시키는 데 도움이 되는 가장 좋은 운동이 '점진적 근육 이완법'이다. 이 기법은 신체 전체의 주요 근육들을 몇 부분으로 나눠서 체계적으로 긴장시켰다가 이완시키는 것이다. 이를 통해 신체 주요 근육의 긴장을 방출시키고, 동시에 신체 증상에 대해 객관적인 주의집중을 할 수 있게 해 준다.

처음에는 우리 몸의 16개 주요 근육군을 모두 최대한 긴장했다가 다시 이완시키면서 이완의 느낌을 경험한다. 그러다가 이 방법에 숙달되면 8개 근육군, 4개 근육군 그리고 최종적으로 1단계 이완으로 이완에 걸리는 시간을 점차 단축시킬 수 있다. 근육군을 이용한 이완 훈련에 익숙해졌다면, 기억 이완이나 반사 이완을 시도해 볼 수도 있다. 연습을 지속하다 보면 특정한 근육군에 정신을 집중하고 이완 시의 감각을 떠올리는 것만으로도 쉽게 이완의 느낌에 도달할 수 있게 될 것이다.

이완 훈련을 연습할 때 가장 중요한 것은 올바른 자세로 신체 각 부위의 감각에 정신을 집중하는 것이다. 연습 도중 잡념이 떠오르기 쉽겠지만 잡념이 떠오른다고 해서 그것이 근육 이완에 실패했다는 것을 의미하지는 않는다. 잡념들은 그냥 스쳐 지나가도록 내버려두고, 다시 각 근육의 이완감에 집중한다면 충분한 이완의 느낌을 경험할 수 있을 것이다. 이 운동 역시 복식 호흡과 마찬가지로 매일 꾸준히 연습해야만 충분한 이완의 느낌을 받을 수 있다.

이완 훈련을 반복해서 하다 보면 '목욕탕 속에 내맡겨진 자신의 몸' '시원한 그늘 아래 누워 부드러운 미풍을 맞으며 잠을 청하는 상황' '나른한 봄날 쏟아지는 잠을 피하지 못해 결국 오수에 빠져버리는 순간' '포근하고 푹신한 침대에 누웠을 때 너무 편안하여 온몸이

근육 이완 훈련

1. 숨을 들이마신다.
2. 각 근육을 최대한 찡그려서 힘을 준다. 최대한 긴장한 상태를 20초간 유지한다(긴장).
3. 긴장한 상태에서 각 근육에서 느껴지는 신체적 감각에 최대한 주의를 집중한다.
4. 숨을 내쉬면서 속으로 "편안하다…"라고 말하면서, 근육의 힘을 쭉 뺀다(이완).
5. 이완시킨 근육에 주의를 집중하면서 이완의 느낌을 머릿속에 기억하도록 노력한다.
6. 오른쪽 팔 아랫부분 근육에서 시작해서 왼쪽 팔 아랫부분, 오른쪽 팔 윗부분, 왼쪽 팔 윗부분, 오른쪽 다리 아랫부분, 왼쪽 다리 아랫부분, 양쪽 허벅지, 배, 가슴, 어깨, 목, 입, 눈, 미간, 윗 이마 근육의 순서대로 이 방법을 반복한다.

붕 떠오르는 느낌'을 받을 정도로 가벼워진 자신의 몸 상태를 경험할
수 있을 것이다.

영국의 인지치료자들은 공황장애 치료에서 호흡법이나 이완법 등
의 훈련을 중시하지 않는다. 그 이유는 호흡법이나 이완법이 자칫
안전 추구 행동으로 사용될 우려가 있기 때문이라고 설명한다. 영
국 옥스퍼드 대학의 살코프스키스 박사에 의하면, 공황장애 환자들
이 숱한 공황을 겪으면서 우려하는 재앙적 결과가 일어나지 않았음
에도 불구하고 환자들의 생각이 바뀌지 않는 이유에 관하여 안전 추
구 행동을 하기 때문으로 설명하였다. 즉, 공황이 오면 어지럼증으
로 기절하거나 쓰러질 거라는 두려움을 가지고 살아가는 환자는 쓰
러지는 것을 막기 위해 걷거나 움직일 때는 무언가를 잡거나 의지한
다는 것이다. 그런 환자의 안전 추구 행동은 공황의 결과로 기절하
는 현상이 일어나지 않는다는 의사의 충고를 받아들이는 데 방해가
된다고 설명한다.

따라서 치료자들은 공황장애 환자들에게 호흡법이나 이완법을 훈
련시킬 때는 반드시 이런 식으로 안전 추구 행동의 문제점을 설명해
주고, 호흡법과 이완법을 공황이나 불안을 막거나 해결하는 목적으
로 사용하지 말 것을 당부하고 있다. 대신에 평소 틈만 나면 복식 호

흡과 이완을 하여 부교감신경계를 활성화시키고 교감신경계의 활성화를 감소시키는 것이 목적이라는 사실을 이해시켜야 한다.

공황이 올 때에는 오직 100% 안전하다는 믿음을 가지고 공황을 받아들이는 것이 핵심대처법이다.

CHAPTER 06

약물치료에
대하여

약물치료
약물치료에 대한 질문과 답변

1991년 미국의 '건강국가연합'에서 주최한 회의에 참여한 전문가 위원단이 보고한 내용을 살펴보면, '공황장애와 광장공포증의 감소 또는 제거를 목표로 하여 시행된 치료의 효과에 대한 과거의 보고서에 의하면 …(중략)… 꽤 많은 수의 환자들이 치료 종료 시 공황에서 벗어나 그 후로 2년 이상까지 그 상태가 유지되었다.'라는 내용이 있다.

공황장애는 불치병이 아니라 치료할 수 있는 장애다. 하지만 약물치료만으로는 약에 의존되기 쉽고, 약을 끊은 후 재발하는 경우도 상당히 많다. 급성 증상을 보이는 공황장애에서 약물치료는 급한 불을 끄기 위한 필수적인 요소일 수도 있다. 공황장애를 해결하기 위해서는 약물치료와 함께 반드시 인지행동치료를 받으라는 것이 미국 정신의학회에서 발간한 치료 지침서에서 권장하고 있는 내용이다.

다음은 공황장애에서 흔히 사용하고 있는 대표적인 두 가지 치료법 중 하나인 약물치료에 관해 설명하였고, 공황장애 환자들이 자주 질문하는 내용에 대한 답변을 올려놓았다.

선택적 세로토닌 재흡수 차단제(SSRI)

요즘에는 공황장애 치료에 주로 선택적 세로토닌 재흡수 차단제가 많이 사용되고 있다. 출시된 순서로 그 종류를 살펴보면, 플루오섹틴(Fluoxetine), 설트랄린(Sertraline), 플루복사민(Fluvoxamine), 페록섹틴(Paroxetine), 시탈로프람(Citalopram)이 있다. 상품명으로는 푸로작, 졸로푸트, 듀미록스, 팍실, 렉사프로 등이다.

삼환계 항우울제보다 좀 더 선택적으로 세로토닌 수용체에만 작용하여 재흡수를 차단하고 시냅스에서 항우울 작용을 할 수 있게 한다. 다른 약들보다 부작용이 훨씬 덜 하다는 장점이 있다. 대부분의 부작용이 상대적으로 미약하다. 세르토닌 재흡수 차단제 각각에 따른 부작용의 차이는 약간씩 있을 수 있으나 대부분 비슷하다고 알려져 있다. 대개 소량으로 시작하여 반응의 정도와 부작용을 지켜보면서 약물을 증량 또는 감량하는데, 환자 개개인의 반응에 따라 차이가 꽤 나는 편이다.

우리나라에서도 처방이 가장 많은 항우울제다. 그러나 치료 효과는 2주 이상 지속적으로 복용한 후에 나타나기에 초기에는 효과가 바로 나타나는 고강도 벤조다이아제핀계 항불안제와 같이 사용한다. 이후 선택적 세로토닌 재흡수 차단제의 효과가 나타나기 시작하면 점차 고강도 벤조다이아제핀계 항불안제를 줄이는 것이 가장 흔히 사용되는 처방 유형이다.

고강도 벤조다이아제핀

고강도 벤조다이아제핀계 약물들은 공황의 빈도를 현저하게 줄이는 것으로 알려져 있다. 이런 약들은 효과가 아주 빨라서 임상의나 환자들이 선호한다.

고강도 벤조다이아제핀 계통의 약으로는 클로나제팜(Clonazepam)이 있는데, 흔히 리보트릴(Rivotril)이라고 부른다. 뇌신경계의 GABA 수용기에 작용하는데, 원래는 간질 치료 목적으로 개발되었으나 오늘날에는 주로 항불안제로 사용된다. 클로나제팜은 수면의 길이와 깊이를 조절하는 데도 도움이 되고, 반감기가 30시간 정도로 길기 때문에 잠들기 30분 전에 한 번만 복용하면 잠도 깊이 잘 자고 다음 날 하루 종일 그 효과가 지속될 수 있어서 편리하다. 또 약을 줄이거나 끊을 때에도 알프라졸람에 비해 금단 증상이 적은 편이기에 리보트릴은 저자가 공황장애 약물치료의 초기에 가장 많이 처방하는 약 중 하나다.

알프라졸람(Alprazolam)은 흔히 상품명인 자낙스(Xanax)라고 불리는데, 고강도 벤조다이아제핀(Benzodiazepine) 중에 가장 흔히 공황장애 환자에게 처방되고 있다. 그러나 금단 증상이 심하므로 약물을 중단할 때는 천천히 소량씩 줄여 가는 것이 바람직하다. 알프라졸람은 효과가 빠른 반면에 반감기가 6시간 정도이므로 하루에 3~4회 복용해야 하는 불편이 있고 금단 증상도 심하다는 단점이 있다. 약물을 중단한 후 공황이 재발할 가능성은 60~90% 정도로 매우 높다고 알려져 있다. 그런 면에서 매일 복용하는 것보다는 필요시에만 처방하는 것도 도움이 된다.

벤조다이아제핀 계통의 항불안제는 정신적인 의존의 위험이 꽤 높기 때문에 알코올이나 약물 중독자에게는 되도록이면 이런 약을 처방하지 않아야 한다. 알프라졸람은 일반적으로 매우 적은 0.5mg 정도의 양부터 시작하여 하루에 세 번 복용하는 것이 일반적이다. 흔한 부작용은 졸린 것, 머리가 가볍게 느껴지는 것, 활동을 둔하게 하는 것 등이다. 빈도가 낮은 부작용 증세로는 피곤함, 둔해진 언변, 건망증 등도 나타날 수 있다.

물론 어떤 약을 얼마나 사용할지 결정하는 것은 환자의 반응에 따라서 주치의가 결정할 내용이다. 그러므로 환자들은 병원 방문 시 매번 약간씩 다른 용량의 약을 처방받거나 약의 종류가 달라질 수 있다. 어떠한 약을 처방받더라도 약물의 효과와 부작용 모두를 조심스럽게 관찰해야 하고 그러한 문제가 발생할 경우는 주치의와 상의하여 조정하는 것이 반드시 필요하다.

따라서 주치의는 처방한 약에 대하여 환자와 보호자에게 자세하게 설명해 주는 것이 필요하다. 필요하다면 설명서를 만들어 주면서 설명을 하는 것이 효과적이다. 그리고 위에 설명한 내용들은 단지 약물의 일반적인 내용에 불과하다는 것을 명심해서 환자 스스로 약을 조절하는 행위는 삼가야 한다.

공황장애 치료에 있어 약물치료가 주가 되어서는 안 된다. 약물치료는 급한 불을 끄는 용도로 사용하고, 환자들은 인지행동치료를 받아서 공황을 다루는 방법을 제대로 배우고 나면 약물치료를 서서히 줄여서 끊도록 해야 한다.

약물치료에 대한 질문과 답변

질문 1 공황장애 치료약을 장기간 복용해도 안전한가요?

답변 1 약물의 종류와 용량에 따라서, 약을 복용하는 사람의 신체적인 조건에 따라서 약의 영향은 천차만별이라고 말씀드릴 수 있습니다. 따라서 약에 관한 문의는 주치의에게 하는 것이 가장 정확하다고 할 수 있으며, 정신과에서 처방하는 약은 적어도 미국식품의약국(FDA)의 허가를 받은 약을 우리나라 보건복지부에서 허가한 것들입니다. 즉, 많은 임상 실험을 거쳐서 인체에 미치는 유해 여부를 판단하고 그 안정성이 인정된 약들이라는 것입니다. 따라서 과량을 복용한다거나, 신체적으로 간기능이 나쁘다거나, 배설 기능에 이상이 있는 경우를 제외하고는 비교적 안전하다고 말씀드릴 수 있습니다.

아울러 약을 장기 복용하기 꺼리는 것은 모든 사람들의 공통된 마음일 것입니다. 그런 이유에서 인지행동치료를 받는 것이 약물에서 해방될 수 있는 유일한 대안입니다. 인지행동치료를 받으면 공황이 일어나는 생리적 기전을 확실하게 이해하여 증상에 대한 두려움이 줄어들고 증상을 조절할 수 있는 자신감이 생겨 약도 줄이고 끊을 수 있게 됩니다.

질문 2 인지행동치료를 받고 약을 끊었는데, 혹시 다시 불안해질 경우에 약을 다시 복용해야 합니까?

답변 2 약을 끊었을 때는 왜 약을 끊을 수 있었는지에 대해서 생각해 보시는 것이 무엇보다 중요합니다. 저는 환자분들께 인지행동치료를 하면서 항상 강조하는 것이 있습니다. 자신이 치료를 받고 좋아지면 내가 왜 좋아졌을까를 꼭 생각하라는 것입니다. 그래서 자신과 남에게 내가 왜 좋아졌는지 납득할 수 있게 설명할 수 있어야 한다고 말입니다. 이것은 매우 중요한 사실입니다.

공황장애를 극복하는 데 인지행동치료가 주는 도움은 한두 가지가 아닙니다. 그런데 그 도움들 중에서도 어떤 도움을 받아서 자신의 문제를 해결했는지 노하우를 제대로 깨달아야 한다는 것입니다. 그런 노하우에 대한 깨달음 없이 좋아진 경우는 나중에 공황이 다시 찾아올 때 또다시 속수무책으로 약을 먹게 됩니다.

공황장애란 스트레스에 대한 일종의 취약성을 가지고 살아가는 상태이기 때문에 살아가다 보면 언제고 다시 재발할 수 있습니다. 인지행동치료를 통하여 배우고 몸에 익힌 대처 방법을 어느 정도 자신의 것으로 소화하였느냐에 따라서 공황이 재발될 때 대처능력이 결정됩니다. 인지행동치료를 받을 때 배운 내용을 처음부터 다시 잘

복습해 보는 것이 도움이 됩니다.

질문 3 공황장애 약물치료 후에 약물을 끊는 요령을 알고 싶습니다.

답변 3 약물을 끊기 위해서는 인지행동치료를 받으셔야만 합니다. 그렇지 않을 경우는 금단 증상의 발생 시 효과적인 대처 방법을 사용할 수가 없습니다. 다음에 적어 놓은 설명은 인지행동치료를 받아서 공황에 대한 대처 능력이 생긴다는 가정하에서 약을 중단하는 요령을 설명해 드리는 것입니다.

1) 인지행동치료를 받으면서 어느 정도 공황에 대해 자신감이 생기면 약을 서서히 줄여 나가십시오. 불안이 남아 있다고 해도 약에 의존하는 습관을 바꾸어 배운 대로 대처하며 가능한 약을 증가시키지 않는 것이 중요합니다.

자신감이 충분히 생기면 약을 중단하되 매우 서서히 줄여 간다는 원칙을 지켜 나가야 합니다. 내 몸이 약을 줄인다는 사실을 모르게 줄여 나가면서 끊어야 하는 것입니다. 그래도 금단 증상이 생긴다면 어차피 극복해 내야 하는 통과의례 과정이라고 생각하시길 바랍니다.

예를 들면, 담배를 끊을 때도 단 시간 내에 성공할 수 없을 뿐더러 많은 고통이 뒤따르기 마련입니다. 그런 과정을 묵묵히 이겨내야만 금연에 성공할 수 있는 것입니다.

2) 살아가다 보면 아주 힘든 스트레스를 겪게 마련이고 심한 감기 몸살이나 배탈 등의 공황과 유사한 증상을 만나기도 할 것입니다. 이

런 때도 가능한 인지행동치료에서 배운 대로 대처해야 하지만, 도저히 너무나 힘이 들어 견디기 어려울 정도라면 주치의와 상의하여 다시 약을 복용하여 고비를 넘기십시오.

그런 후에 인지행동치료 때 배운 내용들을 더욱 공고하게 자신의 것으로 만들어 가면서 여건이 나아지거나 몸의 컨디션이 좋아질 때 또 다시 1)번의 과정을 되풀이하시면 됩니다.

질문 4 약을 줄여 나가면서 겪게 되는 금단에 대해서 여쭤 보겠습니다. 저희가 궁금한 것은 약과 금단증상에 대한 부분이며, 특별한 답변이 없을 때는 듣고 싶습니다.

약을 중단하거나 줄이면서 환자들은 다양한 신체적 증상을 경험합니다. 이런 신체적인 증상을 경험하는 이유는 아마도 다음과 같은 이유 때문이라고 추정합니다.

첫째, 그동안 약이 담당하던 항불안 효과가 약의 용량 감소로 인해 불안이 발생하고 신체 증상으로 표현된다고 할 수 있습니다. 이것을 일종의 금단 증상이라고 보시면 됩니다. 물론 많은 분들이 "이제는 별로 불안하지 않아서 약을 줄였는데요."라고 하지만, 사실 우리 몸은 불안을 다양한 모습으로 표현하고 있습니다.

우리 신체가 불안을 감지할 정도면 상당히 큰 불안이라고 할 수 있습니다. 아주 미세한 스트레스에도 우리 몸의 자동적이고 정상적인 대응 반응이 불쾌한 증상으로 인식되는 것입니다. 특히 항불안제인 자낙스나 리보트릴 등의 약을 장기간 사용하면 뇌신경계의 불안을 담당하는 GABA라는 신경전달 물질의 기능이 약화됩니다. 그런데 약을 줄이거나 끊으면 활동을 게을리하던 GABA가 본래의 기능인 항불안 기능을 회복하기까지 시간이 걸리게 됩니다. 또한 그동안 약을 해독시키던 간 효소들의 작용도 변화를 겪게 되어 영향을 주게됩니다.

둘째, 약을 줄이거나 끊는다는 것은 자신감을 표현하는 것이기도하지만 '혹시⋯' 하는 불안한 생각을 자신도 의식하지 못할 정도로 깊숙이 간직하고 있을 수 있습니다. '약을 끊었는데⋯ 아니면 약을 줄였는데⋯.' '혹시 내가 약을 끊어서 그런 것 아니야?' 하는 작은 걱정이 오히려 증상을 더욱 강화시킬 수 있습니다. 그리고 이것이 원래증상의 재발인지 금단 증상인지 몰라 두려워하는 경우가 많습니다.

만약 약을 끊은 지 2~3달이 지나도 증상이 계속될 경우는 약의금단 증상이 아니라고 보시면 되지만, 임상적으로 구별하기가 쉽지않은 경우도 있습니다.

금단 증상은 여러 가지로 나타날 수 있습니다. 두통이나 어지러움, 불면증의 악화, 소화장애, 근육통, 기분의 변화 등이 대표적인 금단증상이라고 알려져 있습니다. 그러면 이러한 금단 증상을 어떻게 대처해야 하겠습니까? 흔히 약을 조금만 더 먹어도 아주 편해진다고하십니다. 하지만 그것은 또 다른 회피입니다.

대부분의 신체 증상들은 교감신경계의 흥분이 신체로 표현되는 것이므로 반대의 역할을 하는 부교감신경을 활성화시키는 것이 필요

약물치료에 대한 질문과 답변

합니다. 그렇다면 부교감신경은 어떻게 활성화할 수 있을까요? 어떤 상황에서든 우리의 뇌가 위험하지 않다고, 안전하다고 판단하면 자동적으로 부교감신경이 활성화됩니다. 이제 금단 증상이 나타나도 걱정할 필요가 없습니다. 설령 이것이 금단 증상인지 아닌지 제대로 구별할 수 없다 해도 위험한 상상을 하지 말고 안전하다는 사실을 진정으로 믿으십시오. 느긋하게 이완하십시오. 그러면 언젠가는 이러한 증상이 없어질 날이 올 것입니다. 만일에 증상이 완전히 없어지지 않는다면 품고 살아가야 할 수도 있습니다.

불의의 사고로 다리를 잃은 환자분이 새로운 의족에 적응하여 살아가는 모습을 생각해 보십시오. 그분이 과거에 제 기능을 하던 자신의 다리만 생각하면서 우울해하고 분노를 표현한다면 얼마나 고통스러울까요? 그러나 새로운 의족에 의지하여 열심히 적응해 나간다면 몇 년 후에는 그 의족으로 원하는 모든 일을 다 하실 수 있을 것입니다. 물론 그래도 자신의 원래 다리보다는 못하겠지요. 그렇지만 우리는 그런 불편함과 고통도 경우에 따라서는 품고 살아가야 할 때가 있습니다. 반면에 이 증상이 금단 증상이라면 대부분 시간이 지나면 점차 사라질 것입니다.

질문 5 한약을 자낙스나 리보트릴 또는 항우울제들과 섞어서 먹어도 됩니까?

답변 5 한약의 성분은 단일 성분이 아니고 그 구성 성분의 화학적 구성이 어떻게 되어 있고 어떤 성분이 어떤 기능을 하는지에 대한 자료가 부족합니다. 따라서 자낙스와 한약(홍삼생식과 녹용)이라고 하는 성분이 어떤 상호작용을 할지 모른다고 말씀드리는 것이 솔직한 답변입니다.

그런데 대부분의 한의사들은 한약과 양약을 섞어 먹어도 된다고 말하는 걸로 알고 있습니다. 한약은 '생약이기 때문에 안전하다.' '몸에 잘 맞는다.' 등의 근거가 부족한 이유를 대고 있습니다. 내과병동의 입원 환자들 중에는 한약 복용 후 간 기능이 엄청 안 좋아져서 치료받고 있는 분들도 상당수 있기 때문에 저는 그분들이 어떤 근거로 그렇게 말씀하시는지 이해가 가지 않습니다.

그리고 더욱 기막힌 사실은 비싼 한약을 덜컥 지어 오고 나서야 비로소 양약과 같이 먹어도 괜찮은지 질문하는 경우가 대부분이라는 것입니다. 그럼 제가 뭐라고 대답해 드려야 할까요? 어렵게 지어 온 약을 버리지도 못하고 또 굳이 섞으면 좋을지 어떨지 모르겠다는 제 답변이 마음에 걸려서 더 불안해하시는 분들을 많이 접합니다.

환자분들에게는 여기저기 좋다는 것들을 문어발식으로 다 써보다 보면 산탄총처럼 어디에 맞아도 좋아지겠지 하는 심리가 있습니다. 하지만 실상은 그렇지 않습니다.

공황장애는 심리적인 치료(인지행동치료)로 완전 극복이 가능한 문제입니다만, 산탄총처럼 여러 가지 치료를 하다 보면 대처 능력을 키울 기회를 놓치게 됩니다. 내가 좋아지면 왜 무엇 때문에 좋아지는지를 알고 그것을 자신의 무기로 삼아 앞으로 살아가면서 만날

약물치료에 대한 질문과 답변

수 있는 수많은 스트레스와 좌절을 이겨낼 수 있는 힘이 됩니다. 그런데 이렇게 산탄총식으로 하면 좋아져도 왜 좋아지는지, 혹시 증세가 나빠져도 왜 그런지 이유가 불분명해집니다. 그러다 보면 환자는 자신의 대처 능력을 키울 수 있는 기회를 놓치고 그저 막연히 좋아지기만을 기다리며 살아가기 때문에 제가 이렇게 말씀드리는 것입니다.

저도 어려서 한약을 복용해 보았고 침도 맞아 보았습니다. 그래서 한방치료가 나쁘다거나 엉터리라고 주장하는 것이 아닙니다. 다만 과학적인 근거를 제시하기 어려운 부분에서는 겸허하게 모르면 모른다고 해야지 무조건 괜찮다는 식으로 무책임하게 환자분들에게 이야기하는 한의사들의 태도에 잘못된 점이 있다는 것을 지적하고 싶은 것입니다. 저는 그래서 이렇게 말씀드리기도 합니다. 비싼 한약은 이미 다 지어 놓았고. 제게 같이 복용해도 괜찮은지 질문하신 것을 그냥 저는 못 들은 것으로 할 테니까 한약 먹으면 아주 좋아질 거라는 기대를 하면서 드시라고 합니다.

CHAPTER *07*

공황장애에
동반되는
정신적 문제

우울증

각종 불안장애

불면증

공황장애를 가진 환자들 중에는 다른 정신과적 장애를 동반하는 경우가 많다. 특히, 우울증은 공황장애 환자의 40~60% 정도에서 동반되는 것으로 보고될 정도로 흔하다. 여기서 우울증이란 두 가지 개념이 있다. 한 가지는 증상으로서의 우울증으로, 공황장애를 가지고 살아가는 사람들의 삶이 위축되고 재미가 없기 때문에 이차적으로 우울해지는 경향이 많다. 나머지는 정신과 진단으로서의 우울장애를 말한다. 이 또한 정확한 통계는 없지만 많을 것으로 추정한다.

우울증이 없는 공황장애 환자들에 비해 우울증을 동반하고 있는 공황장애 환자들의 경우는 증상이 더욱 심각하고, 주관적으로 느끼는 고통이나 회피 행동도 더욱 큰 것으로 보고되고 있다. 또한 우울증이 동반되면 사회적, 직업적 기능에 부정적인 영향을 미치거나 자살의 위험성도 더 높은 것으로 나타나고 있다.

여러 연구에서 약물치료의 경우, 우울증을 동반한 공황장애 환자들에 비해서 우울증을 동반하지 않은 공황장애 환자들에게 약물치료 효과가 더 좋다는 것을 밝히고 있다. 정신치료의 경우에서도 우울증이 병존하는 것이 공황장애에 대한 치료 효과를 방해한다는 결과를 밝히는 연구들이 있으나, 우울증의 병존이 공황장애의 치료에 유의미한 영향을 미치지 않는다는 연구 결과도 있어 그 관련성이 명확하게 입증된 것은 아니다.

공황장애에 대한 인지행동치료의 결과를 입증하는 연구들에서도 우울증의 동반으로 치료 효과가 감소된다고 보고한 연구들이 있는 반면, 우울증의 동반 여부는 치료 효과에 영향을 주지 않는다고 보고한 연구들도 있는 등 치료 효과에 주는 영향이 명확하지 않은 상태다. 저자의 경험으로는 우울증이 동반된 공황장애라도 인지행동치료를 통하여 좋은 치료 효과를 볼 수 있으며, 공황장애뿐만 아니라 병존하는 우울증도 잘 치료되었다.

●

각종 불안장애

우울증 외에도 공황장애를 가진 환자의 60% 정도가 광장공포증을 동반하고, 25% 정도는 사회공포증과 동반되며, 비슷한 수가 강박장애에 시달렸다고 한다. 5명 중 한 명은 알코올을 남용한 것으로 밝혀졌다.

그 외에 공황장애와 관련된 장애로는 건강염려증이 있다. 건강염려증은 신체화 장애의 일종으로 자신이 심각한 병에 걸렸다고 믿는 등 건강과 관련된 근거 없는 걱정을 지속적으로 하는 것을 말한다. 미국의 연구에서는 신체화 장애를 앓고 있는 환자 중 과반수 이상은 공황장애의 진단 기준에 부합된다고 보고되었다. 이런 장애를 가진 환자들은 신체적인 증상 치료를 위해 수년 동안 병원 곳곳을 찾아다니지만 별다른 치료적 효과를 보지 못하는 경우가 많다. 건강염려증의 기저에는 불신이 깔려 있는데, 의료진도 신뢰하지 못하고 현대 의료의 한계를 과잉 불신하기 때문에, 소위 '닥터 쇼핑'이 일어나게 되는 것이다.

공황장애와 함께 공존하는 정신장애가 있을 경우에 치료 효과가 그렇지 않을 경우보다 좋지 않을 것으로 예측할 수 있지만, 실제로 약물치료나 정신치료의 성과를 보고한 논문들을 보면 상반되는 결과들이 있어 아직은 결정적으로 말하기 곤란하다. 다만 환자들에게 이중, 삼중의 고통을 주는 것은 사실이다.

불면증

공황장애 환자들은 흔히 불면증을 호소하는데, 공황이 오고 나서 불면증이 왔다는 사람도 있고 불면증이 지속되다 공황이 왔다는 사람도 있다. 심지어 공황에 대한 예기 불안보다 불면증이 더 고통스럽다는 보고를 하기도 한다. 그러면서 필사적으로 수면을 취하려고 안간힘을 쓴다며 안타까운 호소를 한다. 그런데 실상 우리의 수면은 참으로 묘해서 잠을 자려고 노력하면 할수록 잠들기가 어려운 특징이 있다. 또한 '몇 시간 자느냐' 하는 수면의 양보다는 질이 훨씬 중요하다. 그렇기 때문에 흔히 환자들에게 알려 주는 내용이 수면 위생법이라는 내용이다.

이 방법을 그대로 잘 적용하는 이도 있지만, 제대로 적용하지 못하는 사람도 많다. 그래서 보다 자세한 방법을 학습시키기 위하여 별도로 불면증에 관한 인지행동치료가 시행되기도 한다.

이 치료의 가장 핵심적인 내용은 침대에서는 잠자는 것과 성행위 이외에는 어떠한 행동도 하지 않도록 조건화시키는 것이다. 흔히 침대에서 책을 본다든지, 뭘 먹는다든지, TV를 본다든지 하는 사람들이 많은데 이런 행동들은 침대 이외의 장소에서 하도록 한다.

그리고 최대한 수면의 질을 유지시킬 수 있는 방법을 먼저 실천한 뒤 수면의 양을 늘려 가는 방법을 사용하도록 한다. 다시 설명하면, 수면 효율(총 잠을 잔 시간/총 누워 있는 시간)을 85% 이상 유지하기 위해 침대에 누워 있는 시간을 줄이는 방법을 사용한다. 즉, 침대에 누우면 바로 잠이 들어야 한다는 것이다. 만일 잠 오는 신호가 와서 침대에 누웠는데 10분 이내에 잠이 안 들면 바로 일어나서 침대 이외의 장소에서 무료한 일을 하면서 잠이 오는 신호를 기다린다. 그랬다가 신호가 나타나면 다시 잠자리에 들고 또 10분 이내에 잠이 안 들면 바로 일어나 나오고를 반복하라는 것이다.

이 방법 외에도 수면에 대한 잘못된 생각들('반드시 7시간은 자야만 해.' '빨리 누워야 더 많이 잘 수 있어.' '오늘도 못 자면 내일은 일을 망치는데.' 등)을 교정하는 작업도 인지행동치료에 포함되어 있다. 물론 이러한 치료를 성공하기 위해서는 잠을 며칠 못 자더라도 사람이 이상해지거나 죽지 않는다는 믿음을 가져야 한다. 공황장애와 마찬가지로 이런 믿음을 가지고 불면의 문제를 접근해 나갈 때 불면증은 극복될 수 있는 것이다.

· 잠은 반드시 얼마 이상 자야 하는 것이 아니며, 다음 날 상쾌하다고 느낄 정도의 시간 동안만 자면 충분하다. 잠을 깊이 자려면 가능한 잠자리에 누워 있는 시간을 줄여야 한다. 만일 너무 오랜 시간을 잠자리에 있을 경우는 도리어 얕은 잠을 자게 되고 수면이 연결되지 못하며 분절된다.

· 매일 항상 같은 시간에 규칙적으로 일어나는 것이 좋다(규칙적으로 기상하면 밤에 잠 드는 것도 규칙적으로 됨).

· 매일 규칙적으로 운동을 하면 잠을 깊게 잘 수 있다(오전에 하는 것이 좋음).

· 침실은 조용해야 한다.

· 방의 온도가 너무 높으면 잠을 방해하므로 침실의 방 온도는 적당해야 한다.

· 배가 고프면 잠이 오지 않기 때문에 식사를 안 했을 때는 잠자리에 들기 전에 가벼운 간식을 먹는 것이 좋다.

· 잠자리에 들기 전 물을 많이 마시면 자다가 화장실에 가야 하므로 취침 전에 물을 많이 먹지 않는 것이 좋다.

· 저녁에는 카페인이 든 음료는 마시지 않는 것이 좋다.

· 저녁에 술을 마시는 것은 수면에 좋지 않다. 긴장되어 있을 때 술을 마시면 보다 빨리 잠을 잘 수 있지만, 그렇게 자는 잠은 피로를 회복하는 데 효과적이지 못하다.

· 불면증 때문에 고생하는 사람일수록 자려고 애를 쓰는 것은 좋지 못하다. 오히려 잠이 안 오면 불을 켜고 침실 밖으로 나가서 책을 본다든지, 자극적이지 않은 다른 일을 하는 것이 낫다. 그러다가 졸음이 올 때만 잠자리에 다시 들도록 하는 것이 좋다. 또한 밤에 얼마나 잤든지 간에 아침에는 일정한 시간에 일어나는 것이 좋다.

· 담배는 수면에 좋지 않다.

· 자다가 일어나서 시계를 보고 시간을 확인하는 것은 좋지 않다. 따라서 잠자리에서 시계가 보이지 않게 치우도록 한다.

공황장애와
성격의 관계

평소 겁이 많고 소심한 성격이거나 너무 예민하고 민감한 성격 때문에 혹은 내성적이거나 상처받기 쉬운 성격 때문에 나에게 공황장애가 생긴 게 아닌가라고 생각하는 경우가 많다.

그러나 공황은 앞서 지적했던 것과 같이, 유전적으로 공황이 일어날 취약성을 가지고 태어난 사람이 삶의 어느 시점에서 과도한 스트레스에 노출되거나 대처능력이 약화되어 균형이 무너질 때 나타나게 되는 것이다.

일부 연구에 의하면, 어린 시절에 부모의 사별이나 이혼과 같은 사건이 일어나 중요한 관계에 있던 사람들과 이별한 경험이 분리불안을 야기하고, 이것이 성장한 후 공황장애의 원인이 된다는 보고도 있다. 그러나 모든 환자들이 어린 시절에 이러한 경험을 겪는 것은 아니다.

공황의 원인으로 현재 가장 설득력 있는 이론은 교감신경계의 과민 반응과 관련된 이론이다.

공황을 경험할 때 느끼는 대부분의 신체 증상은 인체의 교감신경계의 활동이 증가하였을 때 나타나는 증상들이기 때문에, 교감신경계의 주요 신경전달물질인 노르아드레날린을 분비하는 청반핵이라는 뇌의 부위에 이상이 발생해서 가상의 위험에 대해 잘못된 알람

193

혹은 경고 신호를 울려 각종 신체 증상이 나타난다는 이론이다. 따라서 공황의 원인을 파악하기 위해서는 유전적, 환경적, 생리적, 성격적 특성을 통합적으로 고려해야 하며, 특정한 성격으로 인해서 공황이 촉발된다고 말하는 것은 질병의 원인을 하나로만 고정시키는 위험한 발상이라고 할 수 있다.

다만 성격적으로 스트레스에 다소 취약한 성격이 있기도 하고, 평소 불안이나 걱정이 많은 성격인 경우는 공황장애가 발생한 후 치료나 경과에 영향을 줄 수는 있다. 앞서 지적한 바와 같이 환경적인 스트레스 자극이 있다고 해서 모든 사람에게 신체적 질병이나 심리적 장애가 나타나는 것은 아니다. 동일한 자극에 대해 어떤 사람은 스트레스를 잘 극복하기도 하는가 하면, 어떤 사람은 부적응적인 반응을 보이기도 한다. 즉, 스트레스 자극이 심한 경우라도 이를 효과적으로 대처할 수 있는 개인적인 능력이 있거나 성격적 자질을 갖고 있을 경우, 그리고 주위에서 스트레스를 잘 대처할 수 있도록 지지적인 환경을 조성해 주는 경우에는 스트레스가 부적응 반응을 유발하는 원인이 되는 것이 아니라 오히려 발전할 수 있는 발판이 될 수도 있다.

그렇다면 스트레스에 취약한 성격은 어떤 특성이 있을까? 1950년대 미국에서는 심장 질환으로 인한 사망률이 점차 높아져 결국 미국 내 가장 흔한 사망 원인이 되자 이 질환을 발생시키는 위험 요인을 찾으려는 연구가 시행되었다. 연구자들은 심장 질환, 특히 관상동맥 질환에 잘 걸리는 사람들은 그렇지 않은 사람들에 비하여 뚜렷하게 다른 성격을 가진 사람들이 많다는 것을 발견하게 되었으며, 이들이 보이는 성격적 특성을 A형 행동 양식이라고 명명하였다.

이런 사람들은 말이 빠르고, 격정적이며, 쉽게 흥분하고, 늘 움직이고, 음식을 빨리 먹고, 참을성이 부족하며, 언제나 쫓기듯 일을 만들어 가고, 두세 가지 일을 동시에 하려고 하며, 대인관계에서 경쟁적이고 적대적인 경향을 보인다. 또한 이들은 항상 지나친 일의 부담 속에서 생활하며 마감시간에 쫓기면서 장기간 일하는 경향이 있고, 때로는 주말도 없이 일에 몰두하여 휴가도 줄이는 등 일상생활 속에서 적절한 휴식과 여유를 갖지 못하는 특징도 갖고 있었다.

특히 A형 행동 양식 가운데 경쟁적인 성향, 조급증, 적대감과 분노가 관상동맥 질환과 같은 신체적 질병의 발병과 유의하게 높은 연관을 가지는 것으로 나타났다. 여러 연구들에 따르면, 불안과 관련이 깊은 노르아드레날린이나 아드레날린과 같은 호르몬들이 A형 행동 양식과도 직접적인 관련이 있는 것으로 나타나는 등 A형 행동 양식은 불안이나 스트레스에 상당히 취약한 성격 특징이라 할 수 있겠다.

스트레스 상황에 영향을 미치는 또 다른 성격 특성으로 내적 혹은 외적 통제 경향을 들 수 있다. 외부에서 일어나는 사건을 스스로 통제할 수 있다고 믿는 내적 통제 소재 집단은 스트레스 사건을 스스로 통제할 수 있다고 생각하기 때문에, 더 잘 적응하고, 덜 불안해하며, 정신과적인 진단명도 덜 받게 된다고 한다. 반면에 사건의 원인이 자기 외부에 있으며 자신의 삶에서 중요한 사건과 보상이 외부의 힘에 따라 통제되는 것으로 여긴다면 자기 스스로를 수동적 존재로 받아들이게 되며, 스트레스 상황에서 무기력해지거나 압도적인 무력감으로 자신이나 타인을 비난하게 된다. 이들이 스트레스나 불안에 취약해지는 것은 일견 너무나 당연한 것처럼 보인다.

이밖에도 스트레스 상황에서 어떤 방식의 대처 전략을 선택하는지 혹은 다양한 대처 전략을 어떻게 유연하게 적용할 수 있는지, 자아 기능이나 의존 갈등과 같은 심리적인 요인들의 존재 여부에 따라 개인이 경험하는 불안이나 스트레스 반응 정도가 달라지기도 한다. 그러나 중요한 것은 불안이나 스트레스에 취약할 수 있는 성격 특징은 존재할 수 있지만, 특정한 성격이 공황을 유발시키는 유일한 원인이라고 할 수는 없다는 점이다.

●

공황장애 환자들의 성격 특성

공황장애 환자들의 성격 특성에 대해 논란이 많다. 미국정신과협회에서 제정한 정신과 질환 진단 기준인 DSM-5에서는 성격에 문제가 있는 경우를 성격장애라고 규정하였으며, 이를 크게 A군집, B군집, C군집으로 분류하였다. 이런 성격 유형이 공황장애와 동시에 존재할 경우 치료 반응이나 예후, 재발률 등에 영향을 미치는 것으로 많은 연구에서 보고되고 있다.

특히 과장되고 감정적인 B군집과 불안한 C군집에 속하는 성격들에서 공황장애가 유의하게 두드러진다는 것이 일반적인 견해다. 그중에서도 C군집의 세부 유형인 의존성, 회피성, 강박성 성격과 B군집의 한 세부 유형인 연극성 성격의 경우에 공황장애가 많다고 하며, 저자가 진행했던 연구에서도 비슷한 결과가 관찰되었다.

상당수의 공황장애 환자들이 강박적이라고 할 만큼 사고가 경직되어 있는 경우가 많으며, 사회적으로 위축되어 있거나 회피적인 성격 특성을 보이고 있었다. 일부에서는 다른 사람의 말을 쉽게 믿지 못하고 의심과 불신을 보이는 성격 특성을 보이기도 하였다. 물론 이러한 성격적 특성이 공황장애라는 질병의 영향을 받아서 생겨났거나 공황장애로 인한 이차적인 현상이라는 견해도 있어서 공황장애와 밀접하게 연관된 특정 성격이라고 말하는 데는 무리가 있을 수 있다.

공황장애를 경험하게 되면 당사자뿐만 아니라 가족이나 친구 같은 주변 사람들에게 고통이 전가되면서 인간관계에 어려움을 겪게 되고, 거절 및 거부를 경험하지 않기 위해 과도하게 의존적인 태도를 보일 수 있다. 광장공포증 때문에 다양한 상황에 대해 회피하는 증상이 생기면 이러한 장소에 노출되는 것에 대한 두려움 때문에 시장을 보거나 운전을 하거나 어딘가로 이동하거나 발표를 해야 하는 등의 상황에서 가까운 주변 사람들에게 자신이 해야 할 역할을 미루며 피하게 된다. 상대에게 과도하게 매달리는 이러한 의존 관계가 성립되면 결국 갈등을 초래할 수밖에 없고 자신 때문에 주변 사람들의 생활까지 제약하게 되는 결과를 초래한다.

두려운 상황을 지속적으로 피하기 위해서 상대에게 절대적으로 의존하게 되고, 거절당하지 않기 위해 자신의 욕구를 감춘 채 그저 아무런 문제를 일으키지 않는 착한 아이처럼 눈에 띄지 않으면서 주

공황장애 환자들의 성격 특성

변 사람들에게 무조건 자신을 맞추려고 행동하기도 한다.

이런 식의 행동 패턴이 반복되면 자신의 감정을 솔직하게 드러내기보다는 남들을 즐겁게 해 주는 것이 더 낫다고 생각하게 되고, 화가 나는 상황에서도 제대로 화를 내기보다 미소를 잃지 않으며 얘기하게 된다. 그런 행동은 결국 상대방으로 하여금 자신을 진정으로 이해하지 못하게 만들며, 결과적으로 자신을 이해받고자 했던 기대가 깨져서 좌절감을 맛볼 수밖에 없게 되기도 한다.

물론 광장공포증을 경험하는 모든 공황장애 환자들이 의존적인 대인 관계 패턴을 가지고 있다고 말할 수는 없다. 공황이나 회피 행동으로 환자역할을 하게 되면 많은 일을 면제받으면서 이차적인 이득을 경험하고 이로 인하여 공황과 같은 고통스러운 장애가 계속 유지되는 경우도 있기 때문에 공황장애 환자들의 대인관계 패턴이나 성격에 대해서도 다양한 설명을 할 수 있게 된다.

성격이 치료 결과에 미치는 영향

심리치료의 효과에 대한 경험적인 연구들에서 환자의 대인관계 형성 능력은 치료 효과를 결정하는 강력한 인자라고 소개되고 있다. 부정적이고 적대적인 태도를 가지고 있는 사람들일수록 치료 결과가 좋지 않으며, 외향적이고 긍정적으로 사고하는 사람들일수록 치료 효과가 높다고 한다. 그렇다면 공황장애의 치료 결과에는 성격적 특징이 어떤 방식으로 영향을 미칠까? 현재까지도 이에 대한 연구는 충분히 이루어지지 않았으며, 불안장애의 치료에 성격적 변인이 미치는 영향에 대해서도 논란이 많다.

공황장애 치료에 대한 성격의 영향을 파악하기 위한 초기 연구에서는 공황장애와 성격장애의 진단이 동시에 존재할 경우, 환자들이 치료 과정에서 강한 감정적 문제를 극복하는 데 어려움을 경험하거나, 과제 수행의 순응도가 낮고 변화에 대한 동기가 부족해서 치료자와의 관계가 복잡해지며 치료 과정 자체가 경직되어 치료 반응이나 예후 등에 부정적인 영향을 미친다고 보고되었다.

그러나 후속 연구에서는 성격장애 유무와 상관없이 불안 증상의 치료에서 성격장애가 있는 집단과 없는 집단에서 비슷한 정도의 치료 호전도를 보이며 성격장애가 불안장애 치료 결과에 부정적인 영향을 미치는 예측인자라고 할 수 없다고 보고하였다.

저자의 연구에서도 성격장애 특성이 높은 환자들은 그렇지 않은 공황장애 환자에 비해서 인지행동치료 전에 측정한 정신병리적 증상의 절대값은 높았지만, 그들도 인지행동치료를 통해서 공황장애 증상이 충분히 호전되는 것으로 나타났다. 게다가 공황 환자들이 보이는 C군집의 성격적 특성이 인지행동치료를 받을 경우에는 치료 과정이나 과제에 집중을 더 잘하도록 만드는 등 성격적 특징이 치료에 긍정적인 영향을 미치게 하는 경향도 관찰되었다. 다른 연구에서는 성격장애의 특성이 변화되지 않는 고정된 상태가 아니기 때문에 인지행동치료를 통해 환자의 공황장애 증상이 호전됨에 따라 성격 특성도 점차 호전될 수 있을 것으로 예측하기도 하였다.

성격이 치료 결과에 미치는 영향

물론 저자의 임상 경험이나 많은 연구자들이 발견하는 공통된 경험은 성격 자체가 공황장애를 일으키는 커다란 요인 중 하나이며, 비록 인지행동치료의 효과는 비슷하더라도 추후 재발이나 삶의 질에서는 상당히 부정적인 영향을 미칠 수 있다는 것이다. 그러므로 자신의 성격을 바꾸는 작업에 대한 지속적인 노력은 공황장애를 완전히 극복하는 데 반드시 필요한 조건이라 할 수 있겠다.

정신과 의사들과 심리학자들은 성격장애를 보다 효과적으로 치료하기 위한 방안을 연구해 왔으며, 근래에 들어 아론 벡(Aaron Beck), 제프리 영(Jeffrey Young) 같은 인지치료자들은 한 개인이 어린 시절부터 겪게 되는 수많은 경험들로 인하여 부적응적 스키마가 형성되고, 이런 초기 부적응적 스키마에 대하여 개인이 어떤 방식으로 대처하며 살아가는가에 따라서 다양한 성격 유형이 나타난다고 주장하였다. 이런 이론은 임상 실제에서도 성격장애 환자들을 이해하고 치료하는 데 효과적인 것으로 점차 증명되고 있다. 따라서 저자는 영(Young) 박사가 일반인들을 위해 쓴 『새로운 나를 여는 열쇠』라는 자조 책자의 내용을 요약 소개하여 성격장애를 이해하고 치료하는 데 도움을 주고 있다.

●

성격의 문제를 해결하기

영 박사는 스키마를 '인생의 덫'이라고 일반인들이 이해하기 쉽게 표현했으며, 이런 인생의 덫은 한 개인이 일생 동안 반복하는 패턴으로 자기파괴적이며 살아남기 위해 투쟁하는 것이 특징이라고 했다. 이러한 특징으로 인생의 덫은 한 개인을 고통스럽게 하지만 한편 익숙하게 하기에 바꾸기가 몹시 어렵다.

인생의 덫의 형성에는 많은 요소가 기여한다. 타고난 기질과 부모님을 포함한 양육자들의 양육 태도, 환경적 특성 등에 의해 인생의 덫이 형성된다. 그렇다면 건강한 어른이 되기 위하여 어린 시절의 환경이 완벽해야만 할까? 스키마 치료에서는 아이에게 기본적인 안전감, 타인과의 연대감, 자율성, 자존심, 자기 표현, 현실적인 한계 등의 핵심적인 욕구가 충족되면 순조롭게 자랄 수 있다고 하였으며, 이런 핵심적인 욕구가 어떤 요인으로 인해 결핍되거나 과잉충족될 때 다양한 인생의 덫에 빠지게 된다고 하였다.

오늘날 스키마 치료는 경계선 인격장애처럼 정신과 영역에서 가장 치료가 어려운 성격의 문제를 다루는 데 탁월한 효과를 보인다는 연구 결과들이 뒷받침하기에, 저자도 2004년도에 아시아 최초로 국제 스키마 치료 전문가 자격을 획득하여 환자들의 치료를 돕고 있다.

성격의 문제를 해결하기

다음의 사례들은 공황장애를 경험했던 환자들이 자신의 성격 특성에 대해서 기술한 글이다.

대부분 인지행동치료를 받은 후 작성한 글이라 공황장애와 성격 특성의 연관성에 대해서는 명확하게 알 수 없을 것으로 여겨지나, 단기간의 인지행동치료 이후에도 자신의 성격을 변화시키기 위한 노력이 공황장애의 극복을 위해서 얼마나 중요한지를 알 수 있는 데 도움이 될 것이라고 생각한다. 또한 다음의 글을 통해서 공황장애 치료 과정과 더불어 성격이나 생활 방식을 어떻게 변화시켜 나가는 것이 좋을지에 대해 생각해 볼 수 있는 계기가 되길 바란다.

완벽주의 성격

저는 저의 성격이 공황을 불러 왔다고 생각했습니다. 제가 왜 이런 성격이 되었는지를 역추적해 보았습니다. 위로 오빠가 있고 아래로 터울이 많이 나는 동생이 있는데 오빠는 아들이고 첫째라 예뻐하시는 것 같고, 동생은 막내라고 예뻐하시는 것 같았습니다. 저는 가운데에 껴서 충분한 사랑과 관심을 못 받는 것 같다는 생각이 들었죠. 게다가 어렸을 때는 제가 사랑을 듬뿍 받고 있었는데 동생이 생기는 바람에 그 사랑을 동생에게 죄다 뺏겼다는 잘못된 생각을 가지고 있었던 것 같습니다.

어머니가 동생을 너무 예뻐하시는 것 같다 싶어, 동생처럼 어리광을 부리면 오히려 다 큰 언니가 그런다고 면박을 당했죠. 그런데 제가 어머니 말씀을 잘 듣고 그에 순종하면 칭찬을 받았습니다. 항상 사랑을 덜 받고 있다고 생각한 저는, 어머니의 칭찬과 사랑을 위해서 착한 딸 콤플렉스를 갖게 되었습니다. 그렇게 해야지만 '내가 사랑을 받을 수 있다.'는 생각이었지요.

그런데 그 착한 딸 콤플렉스는 거기에 머무르지 않고 다른 사람한테도 순종적이고 착하게 보여야 한다는 것으로 발전되었습니다. 점점 더 저는 소심하게 되고, 완벽을 추구했으며(완벽하게 하면 칭찬을 받으니까요) 사람들에게 순종적인 모습을 보이게 되었습니다.

하지만 저의 그런 성격과 행동은 저를 지치게 만들었습니다. 어차피 완벽할 수는 없는데 완벽하려고 했으니까 그 결과로 공황을 경험하게 된 것이지요. 공황을 겪고 치료를 받고 나서 어머니가 저를 얼마나 사랑하시는지에 대해서 깨닫게 되었어요. 어머니는 제가 워낙 혼자 알아서 잘하고 그러니 그냥 저를 믿으신 것이죠. 제가 사랑을 주기만 하는 존재가 아니라, 사랑을 받는 존재라는 걸 알게 되니 내 자신이 얼마나 귀한지를 알게 되었습니다.

사례 2 　과잉보호로 인한 두려움

어린 시절을 돌아보면 부모님은 우리 형제, 자매의 미래를 위해 무지무지 성실하게 맞벌이를 하셨어요. 서울에서 자랐기 때문에 사고에 대한 위험과 매사 조심해야 할 일들, 예를 들어 사람 조심, 차 조심, 그

밖에 다양한 위험에 대해서 항상 말씀해 주셨죠. 지금 생각해 보니 불안한 현실을 미리 예방시키기 위한 부모님의 과잉보호 속에서 자라온 것이 공황장애의 원인이 아니었나… 싶은 생각이 듭니다.

저 역시 제 아이들을 그렇게 키울 수밖에 없는 게 현실이지만 이제는 생각을 조금 바꿔 보려 합니다. 어린 시절 끝없는 모험과 이상의 나래는 위험을 동반하기도 하지만, 한편으로 아이들이 스스로 그런 위험과 모험을 구별하고 판단할 수 있도록 키워야 하지 않을까… 싶어요. 과잉보호는 부모의 불안한 마음을 해소하기 위한 수단일 뿐, 도리어 그 조심스러움으로 인하여 아이들을 겁쟁이로 키우게 되고 자신감 없는 불안한 사람으로 성장하게 만드는 게 아닐까 합니다. 역시 세상 살아가는 지혜는 어려운 상황을 극복하면서 얻어지게 되는 것인가 봅니다.

치료의 완성은 성격의 치료

이제는 약물치료와 인지행동치료의 한계를 넘어서 나의 가장 본질적 문제에 와 닿았다는 생각이 듭니다. 이전에는 내가 가진 문제를 덮어두거나 또는 생각 속에서 낱낱이 뿌리 뽑아 버려서 빨리 공황에서 완치되는 방법이 중요하다고 생각했는데, 요즘 절실히 느끼는 것은 나의 본질적인 문제점들을 왕창 뜯어고쳐야 완치를 말할 수 있겠다는 생각이 듭니다.

인지행동치료를 받고 많은 부분이 해소되면서 나의 상황을 모르는 사람들과 의식적으로 자꾸 부딪치는 연습을 하고 있는데, 광장공포증을 극복하기 위한 직면치료와는 또 다르더군요. 세상 속에서 섞이는 그 상황이 너무 낯설고 우울했습니다.

　이 낯선 상황이 병의 연장선인지, 원래 제가 대중과 어울림에 미숙해서였는지 몰랐었는데, 최영희 박사님이 강조하시는 것처럼 제 문제가 계속 반복되는 이유는 저의 어린 시절부터 지속되어 온 성격적인 문제 때문인 것을 이해했습니다. 이제부터는 저의 성격을 변화시키는 데 노력을 하겠습니다. 최박사님과 스키마 치료를 지속해 나갈 생각입니다.

이 장에는 공황장애와 연관된 문제들에 대한 환우들의 질문에 답한 저자의 글과 인지행동치료를 받은 후 생활의 변화를 경험했던 환자들의 사례가 소개되어 있다. 각각의 글에는 환우들의 애환과 고민이 스며들어 있으며, 공황을 극복해 나가면서 축적된 많은 경험이 녹아 있다.

공황장애에 관한 질문과 답변

질문 1 **완치여부** 많은 병들이 조기 치료하면 쉽게 낫는다는 사실을 생각해서 질문 드립니다. 공황 초기에 공황장애 진단을 받고 약을 복용하면 금방 낫나요? 공황장애도 점진적인 측면이 있어서 병이 악화됨과 치유됨이 모두 그럴 것 같거든요. 하지만 저는 환자이지 의사가 아니기에 전문가의 답을 듣고 싶습니다. 혹시 사람에 따라 다르고 이 병이 환자가 그렇게 많은 편이 아니라서, 이에 대한 충분한 임상적 데이터베이스가 축적되지 않아서 확답을 해 주실 수 없다면 어쩔 수 없지만, 만약 초기에 복용해도 너무 오래 걸린다면 삶을 설계하고 희망을 갖는 데 다소 어려울 것 같아 걱정됩니다.

답변 1 완치는 물론 가능하지만 약물치료와 인지행동치료를 받을 때의 가정입니다. 열심히 받는다면 치료 경과에는 큰 차이가 나지 않습니다. 유병 기간이 오래되어 재앙화 사고가 아주 심하거나, 광장공포증이 너무 오래 지속되었다면 어느 정도 시간이 소요되는 것은 사실입니다. 그러나 분명한 것은 치료에 대한 개개인의 의지가 훨씬 중요합니다.

질문 2 **임신** 임신을 계획 중에 있습니다. 어떻게 치료받아야 할까요?

답변 2 공황장애로 고통을 받고 있으면서 임신을 계획하고 있다면 아마도 상당히 힘이 드실 것입니다. 약을 먹어서 공황을 가라앉히자니 약물이 태아에 미치는 영향이 걱정되고, 약을 먹지 않고 공황을 견디는 것도 너무 힘이 들고……. 어떤 선택도 쉽게 내리지 못하고 막막해하셨을 것으로 여겨집니다.

일단 임신 중이거나 임신을 계획 중인 여성이라면, 임신 기간 동안 향정신성 약물이 태아에게 노출되었을 때의 영향과 임신 중에 공황장애 치료를 받지 않았을 때 태아에게 미칠 수 있는 영향을 모두 검토해 보는 것이 중요합니다. 임신 중에 공황을 경험하는 등 적절히 치료받지 않은 채 불안이 지속된다면 증가된 스트레스 호르몬으로 인하여 산모뿐만 아니라 태아에게도 부정적인 영향을 미칠 수 있습니다. 적절히 치료받지 않은 불안이나 스트레스가 조산이나 저체중아 출산, 기타 산과적 합병증을 유발하여 태아의 예후를 나쁘게 한다는 보고가 있습니다.

따라서 임신을 시도하려는 경우라면 임신 전에 무조건 약물을 끊어야 한다는 강박관념을 가지고 단번에 약물을 끊으려 하기보다는 임신 기간 동안 약물로 불안이나 스트레스를 조절해 가면서 서서히 복용량을 줄여나가는 것이 더 도움이 됩니다. 게다가 어떤 환자분들은 임신 기간이 인생에서 가장 편안한 시기였다고 얘기하실 정도로 임신 동안에는 공황 증상의 정도와 빈도가 감소하기도 합니다.

프로게스테론이라는 호르몬이 체내에서 대사되면서 항불안제 역할을 하는 대사 물질을 만들어 주는데, 이러한 임신 기간의 호르몬 변화가 불안을 개선시키기도 합니다. 따라서 어떤 여성들은 임신 직후에 신속하게 약을 줄여서 끊더라도 아무 문제가 없습니다. 임신 전에 약을 끊는 것은 임신 후에 끊는 것보다 훨씬 더 힘들 수 있다는 것을 인식하고, 약물치료에 대한 과도한 두려움을 극복하시는 것이 중요합니다. 특히, 약물치료와 함께 약물에 지나치게 의존하지 않는 인지행동치료를 병행한다면 임신 기간 동안에도 충분히 공황을 극복하실 수 있을 것으로 생각합니다.

질문 3 술 술을 마신 다음 날이면 공포감이 더 심해지는 것 같습니다. 그런 상황에서의 대처법을 알려 주세요.

답변 3 공황장애와 알코올리즘이 유전적으로 유사한 원인적 위치를 가지고 있지 않나 하는 의심이 들 정도로 공황장애와 알코올리즘은 병존하는 경우가 많습니다. 내가 무슨 알코올리즘이야? 하고 반문할지 모르지만, 술이 어느 정도 들어가면 절제하기 어렵고 끝짱을 보는 편이라면 알코올리즘이라고 할 수 있습니다.

술을 마시면 처음에는 기분이 가라앉고 좋은 느낌이 들기도 하지만 일정량(소주 한두 잔, 맥주 한 병 정도)을 넘어서면 그 뒤로는 자극제로 작용을 합니다. 술이 깨는 다음 날은 알코올의 금단 증상으로 다양한 신체 감각이 동반된 고통을 경험합니다.

그에 대한 대처법이요? 없습니다. 몸으로 때우는 수밖에……. 그게 싫으면 술을 끊든지 아주 절제할 수 있어야겠지요. 게다가 어떤 분은 술을 마시고는 꼭 자낙스나 클로나제팜을 예방적으로 먹든지 아니면 술 마시는 날은 약을 안 먹든지 해서 나름대로의 꼼수를 개발하여 지키고 살아갑니다. 치료에 전혀 도움이 안 되지요. 술 좋다 남용 말고 술 모르고 오용하지 맙시다. 공황 때 경험하는 신체적 감각에 무감각해지고 싶어서 과도하게 술을 드시는 경우도 있습니다. 자신이 제대로 절제하지 못하는 경우는 한 잔도 마시지 않는 것이 방법입니다.

질문 4 **담배** 공황장애 환자들은 담배를 꼭 끊어야 하나요?

답변 4 담배에는 상당히 많은 유해물질이 함유되어 있습니다. 그중에는 발암물질로 밝혀진 것들도 존재합니다. 이렇듯 해로운 담배를 피우겠다는 발상은 참으로 위험한 것입니다. 이런 일반적인 유해성의 이유

이외에도 공황장애를 지닌 분들이 담배를 피우면 얼마나 해로운지 설명 드리겠습니다.

정신과에서는 공황을 일으키는 원인에 대하여 많은 연구를 하였는데, 그중에서도 이산화탄소(CO_2)에 대한 연구가 많이 나왔습니다. 정상인과 공황장애 환자들 모두에게 이산화탄소를 흡입시키면 공황장애가 있는 분들은 공황이 일어납니다. 정상인들은 공황이 일어나지 않지요. 100% 모두 구별되는 것은 아니지만 많은 실험을 통하여 두 집단의 뚜렷한 차이가 증명되었습니다. 젖산을 주사한 뒤에도 공황이 일어나는데, 젖산도 결국에는 분해된 산물로 이산화탄소가 작용하는 것으로 밝혀졌습니다.

이런 현상은 다음과 같이 설명할 수 있습니다. 우리 뇌중추의 연수라는 부분에 자리 잡은 호흡을 관장하는 센터가 이산화탄소를 흡입하면 공황장애 환자분은 매우 민감해서 마치 질식 상태인 것으로 해석을 해 공황을 일으키는 것으로 생각됩니다. 공황 환자들이 사람이 많은 장소(복잡한 지하철이나 지하에 있는 백화점 등)에 가면 특히 답답해하는 것이 이런 호흡 생리의 문제와 함께 도움을 쉽게 받지 못할 것이라는 두려움이 같이 작용하는 것입니다. 즉, 생리적인 영향과 심리적인 영향이 같이 작용하는 것이지요.

그러면 주제로 돌아와서 담배를 피우면 어떤 현상이 일어날까요? 담배를 빨면 유해한 물질들은 물론 이산화탄소도 같이 들어옵니다. 그러면 공황이 있는 분은 어떻게 될까요? 흡연, 커피 등의 카페인 과다 섭취, 알코올 과다 섭취 등은 모두 공황을 자극하는 것입니다. 이런 것들을 제한하지 않고 공황 치료를 하는 것은 밑 빠진 독에 물 붓기에 불과합니다.

질문 5 **어지러움** 큰 소리가 나거나 비가 오면 더 심한 어지러움을 느낍니다. 왜 그런가요?

답변 5 어지럼증은 그 이유가 천차만별입니다. 내가 돌고 있는 것처럼 느끼는지 아니면 나는 가만히 있는데 주위의 다른 것이 돌고 있는 것처럼 느끼는지에 따라서도 어지럼증의 원인이 모두 다릅니다. 어지러움은 귀에 문제가 있어도, 잠이 부족해도, 혈압 문제로도, 뇌에 관한 문제로도, 피로 때문에도 쉽게 발생할 수 있는 증상입니다. 외적인 조건에 의해서 어지러움이 심해진다면 정확한 검사를 통해 원인을 찾아내는 것이 중요합니다.

　어지러움을 유발하는 뚜렷한 의학적 이유를 찾지 못하고 공황과 관련된 어지러움을 경험하고 있다면, 호흡과 이완 훈련이 도움이 됩니다. 어지러울 때 눈을 감기가 두려울 수 있겠지만 천천히 눈을 감고 온 몸에 힘을 뺀 다음 부드럽게 복식 호흡을 해 보십시오. 하루 2~3회 정도 10분씩만 하시면 머리가 아주 맑아지실 것입니다. 보다 자세한 정보는 5장을 참고하십시오.

질문 6 **정신병** 공황장애는 정신병인가요?

답변 6 공황장애를 신경정신과에서 치료하는 것은 맞습니다. 정신과적 장애의 종류도 300여 종이 넘습니다. 그중에 공황장애는 정신병이 아니라 신경증입니다. 사람들이 흔히 '미쳤다'는 표현을 쓰게 되는 조현병이나 치매의 경우는 정상적인 사고 체계가 무너지면서 현실 검증력을 상실하여 일반적인 느낌이나 감각 등이 변화하게 됩니다.

그러나 공황장애는 신경증, 그러니까 우리 뇌와 몸에 존재하는 신경계가 특정 조건과 상황에 과도하게 반응하여 만들어 내는 신경증(뉴로시스=노이로제) 중 하나로 누구나 걸릴 수 있는 병입니다. 습한 곳에서 하루 종일 장화를 신고 일하시는 분은 '무좀'에 잘 걸릴 수밖에 없습니다. 그처럼 공황장애도 신경증에 걸리기 쉬운 환경과 체질, 생활 방식에 노출되었을 때 걸리게 되는 일종의 정신 질환입니다.

질문 7 **치매** 공황장애는 치매를 일으키기도 하나요? 비현실감 때문인지 어둔한 행동을 하게 되고 지적 능력이 퇴화된 것처럼 책을 읽거나 TV를 보아도 머리에 잘 남지 않아요.

답변 7 그런 일은 생기지 않습니다. 다만 공황은 위험에 대한 급격한 불안 반응이기에 과각성 상태를 유지하게 만들고, 그런 과각성 상태가 에너지를 위험을 찾는 데 사용하도록 하기 때문에 주의 집중의 장애가 일어나 책을 읽거나 TV를 볼 때 머리에 잘 남지 않게 되는 것입니다. 하지만 공황장애의 치료가 잘 되면 다시 주의 집중을 할 수 있게 됩니다.

질문 8 **강박장애** 공황장애 초기에 강박증이 수반되곤 했는데, 2번에 걸친 공황장애 병력(?)을 회고해 보면, 그 2번 모두 묘하게도 시험 결과가 아주 좋았을 때(학교에서 제일 잘 쳤다든지 할 때) 강박증이 찾아오고 그 뒤에 공황장애가 있었습니다. 공황장애 원인이 스트레스이기도 하겠지만 실제로도 강박증이 초기에 있던 환자도 많나요? 그리고 처음에 강박증, 우울증 증상을 진단받고 약을 복용했는데 낫지 않아서 이렇게 장기간 공황장애를 겪게 되었습니다. 초기에 공황장애 진단을 받고 얼프람과 세로젯을 복용하면 공황장애와 더불어 강박증도 없어질까요?

답변 8 공황장애와 강박장애는 별개로 다루어야 합니다. 하지만 공존하는 경우도 흔합니다. 강박장애는 항우울제(SSRI)로 치료해야 합니다만 공황장애 치료에 사용되는 양보다 고용량이 필요하고 또한 사용 기간도 길어지게 됩니다. 공황은 강박장애에서 오는 불안과 긴장 때문에 생길 수도 있습니다. 어쨌든 두 가지가 공존해도 치료의 가능성은 높습니다.

질문 9 **이갈이** 이갈이와 공황장애는 연관이 있나요. 전 이갈이가 있는데 공황장애와 관련이 있는지 궁금합니다.

답변 9 이갈이가 공황장애와 직접적인 연관이 있다는 증거는 없습니다. 그러나 공황장애 환자분들은 평소에도 긴장을 많이 해서 이를 악무는 습관이 자신도 모르게 생겨나 악관절에 무리가 가고 통증이 유발되는 상황이 발생하기도 합니다. 이갈이는 정신과에서도 관심을 갖는 질환입니다. 현재까지 정확한 원인으로 밝혀진 것은 없지만 치료법으로는 치과에서 프로텍터를 맞추어서 잘 때 착용하고 자면 효과적이라고 합니다. 결국에는 이갈이 자체를 없애는 것이 아니고 이를 갈수 없게 하는 치료법인 셈입니다.

질문 10 치과 관련 공황장애와 치과 질환에는 무슨 연관성이 있나요. 공황을 앓고 난 뒤 계속적으로 치과 질환이 생깁니다.

답변 10 스트레스가 계속되면 면역 체계가 약화되므로 자기도 모르는 사이에, 여러 종류의 만성질환에 시달리게 됩니다. 치과 질환도 예외가 아니어서 정신적 긴장이나 불안감 속에서 생활하는 사람이 마음이 안정된 사람에 비해 치과 질환 감염이 많은 것으로 보고되고 있습니다.

심리적 긴장과 불안이 높아지면 근육이 긴장되고 침의 분비량도 줄어들게 됩니다. 침에는 세균과 싸우는 물질이 들어 있어서 세균을 죽이는 역할을 하는데, 침의 분비량이 줄어들면 세균의 활동력이 높아지므로 충치 발생이 많아질 수 있습니다. 신경을 많이 쓰면 이가 들뜨고 잇몸이 부어오르는 경우가 있습니다. 스트레스가 치주질환에 영향을 주는 것입니다.

면역력이 저하되고 침의 분비량이 줄어들어 세균증식이 왕성해지면 치태의 양이 증가하여 치주질환이 더욱 악화될 수 있습니다. 충치

와 치주질환뿐만 아니라 턱관절 기능에 이상이 오거나 이를 악무는 습관으로 턱관절에 통증이나 기능 이상이 오는 것입니다. 이를 악무는 습관은 악관절에 통증을 주고 심하면 턱을 벌리기 어려울 정도가 됩니다. 이럴 때는 이완 훈련을 받으면 효과적으로 치료가 됩니다. 치과 질환 예방을 위해서는 올바른 치아 건강관리뿐만 아니라 스트레스를 관리하며 정신적 안정을 유지하는 생활이 필요합니다.

●

공황장애 환자들의 경험담

사례 1 **공황 극복 후의 임신과 출산**

공황을 극복하고 약을 끊은 지 거의 8개월 만에 둘째 아이를 임신하게 되었습니다. 공황만 극복하면, 약만 끊으면, 뭐든지 순탄할 줄 알았어요. 정말 사연도 많았던 임신과 출산 과정이었는데 한편으로 저에게는 이 과정이 '공황이 완전히 치료되었다.' 는 확신을 주는 계기가 되었습니다.

임신 사실을 알았을 때 굉장히 기뻤습니다. 그러나 아기집이 보이지 않고 배가 많이 아프더군요. 병원에서 자궁외 임신일지 모른다고 해서 조마조마한 마음으로 검사 결과를 기다렸습니다. 일주일 동안 긴장한 상태로 살다가 정상 임신을 확인했지만 심한 입덧으로 체력이 약해지고 유산위험이 계속되어서 항상 누운 채 안정만 취했습니다. 5개월이 되자 어느 정도 안정기에 접어들었는데, 이번에는 기형아 확률이 있다고 해서 양수검사를 받게 되었습니다.

결과를 기다리는 2주 동안 생각 바꾸기를 얼마나 열심히 했는지 모릅니다. 공황을 극복하는 과정에서 긍정적인 생각을 연습한 것이 굉장한 도움이 되었습니다. 다행히 결과는 정상이었습니다. 어느 정도 입덧도 가라앉고 7개월에 들어서서 서서히 식욕이 돌아오기 시작했습니다.

음식을 좀 먹어 보려 하니, 아니 이게 웬일입니까? 임신성 당뇨라고 합니다. 임신성 당뇨는 제대로 관리하지 못하면 산모와 아이한테 치명적이라고 하더군요. 저 같은 경우는 거의 누워서만 있었기 때문에 운동을 못하니 먹는 것으로 혈당을 조절해야 했습니다. 입덧도 끝나고 너무 먹고 싶은 것이 많은데 조금만 많이 먹으면 당 수치가 높게 올라가기 때문에 과일도, 맛있는 음식도 모두 절제해야 했습니다. 게다가 하루에 5번씩 피를 뽑아서 혈당 검사도 해야 했고요. 혈당이 조금이라도 높게 올라가면 뱃속의 아이가 거대아가 될까 봐 노심초사하며 보냈습니다. 어느 정도 절제의 방법을 배우면서 혈당 조절을 잘하고 있었는데 8개월에 들어서서는 조산 위험이 있어서 또 아예 집에서 갇혀 있는 신세가 되었습니다.

9개월이 되어서는 안심하고 있었는데, 이번에는 아이가 거꾸로 있다고 합니다. 거꾸로 있어서 태어날 때 발이 먼저 빠져나올 수 있는데 그러면 굉장히 위험하다고 하네요. 그래서 진통만 있으면 얼른 병원으로 뛰어오라고 하더군요. 배가 조금만 아파도 혹시 진통이 아닌가 하

공황장애 환자들의 경험담

는 조마조마한 마음으로 막달을 보냈습니다. 수술을 할까 하는 마음도 있었지만, 임신성 당뇨로 인해 아이의 폐가 덜 성숙한 것 같아서 수술도 못한 채 항상 얼음 위를 걷는 심정으로 기다려야 했지요. 마침내 무사히 39주를 채우고 수술해서 아이를 낳았답니다. 지금은 출산한 지한 달이 되었고, 산후 조리도 끝났습니다. 감사하게도 아이도 건강하고 저도 아주 건강하답니다.

제가 이렇게 사연 많은 임신과 출산을 경험하면서 느낀 것은 '생각 바꾸기'가 일상생활에서 얼마나 중요한가 하는 점입니다. 산부인과에서 부정적인 결과를 알려 줄 때마다 저는 항상 긍정적인 생각을 했으며, 정확한 결과를 알기 전까지는 절대로 부정적인 결과를 지레짐작하지 않았습니다. 그리고 임신성 당뇨와 같은 결과가 나와도 의사 선생님 말씀대로 잘 실천하고 대처해서 당뇨 후유증을 하나도 겪지 않게되었지요. 제가 만약 이번 임신 중에 결과가 나오기도 전에 부정적인 생각에 휩싸였거나, 공황 때처럼 신체적 증상에만 전전긍긍했다면, 공황이 다시 재발했거나 굉장한 불안에 휩싸였을 겁니다. 그런데 오히려 공황극복과정을 반추하면서 생각 바꾸기를 열심히 한 결과 사연은많았어도 참 편안한 임신기간을 보냈습니다.

물론 불안은 느꼈어요. 사실 임신 중에 불안을 안 느낀 사람이 몇이나 되겠어요. 아무리 건강한 사람이라도 아이가 정상일까? 무사히 순산할까? 여러 가지 불안을 많이 느끼니까요. 하지만 아이를 걱정해서 불안을 느끼는 것은 아이한테 도움이 전혀 안 됩니다. 오히려 아이를 위해서는 공황을 불러일으키는 걱정거리를 없애는 게 중요하지요. 물론 그게 생각처럼 쉽게 안 될 줄 압니다. 하지만 공황은 임신성 당뇨나, 임신 중독증보다는 안전하잖아요. 공황을 두려워하지 말고 이까짓 것하고 무시하세요. 아이를 위해서라도요.

요즘은 공황 때의 불면증이 그리울 정도로 졸음이 쏟아지고 갓난아기 때문에 잠도 제대로 못 자고 딸 둘을 돌보느라 정신없이 보내지만 하루하루 정말 행복하답니다. 남들은 임신 우울증, 출산 후유증으로 어쩌고저쩌고 하지만 저는 이렇게 공황을 극복하고 예쁜 아이를 얻은 것 자체가 너무 감사해서 그런 우울증은 저한테는 사치스런 감정이라고까지 생각합니다. 저는 공황만 극복하면 모든 것이 순조롭고, 앞으로 나의 인생은 장밋빛일 거라고 생각했는데 우리 인생에 있어서 불안과 근심과 걱정은 항상 있더군요. 불면증, 심장에 관한 증상, 비현실감 등등 공황으로 인한 여러 증상을 극복하는 것도 중요하지만, 우리 생활에서 더 중요한 것은 생각 바꾸기를 통해서 내면의 불안 자체를 극복하는 게 아닐까요? 마음을 담대하게 먹으세요. 어머니는 강하다. 화이팅!

사례 2 공황장애 진단 후 우울해하는 다른 환자분에게

저도 '공황장애'라는 답을 찾을 때까지 수많은 분들에게 도움을 얻었습니다. 많은 분들이 저보다 더 심한 경우를 겪으시면 겪었지, 덜한 분은 별로 없으시더군요. 공황이란 증상이 오죽 고통스럽고 힘들었으면 이런 자조모임 사이트까지 만들었겠습니까?

공황장애라는 진단을 편안하게 받아들이시길 바랍니다. 물론 갑작스러운 진단에 혼란스럽고 힘드실 수 있지만, 공황장애는 결코 특이한

병이 아닙니다. 님께서 경험하고 계신 것 같은 '우울증'도 공황장애의 흔한 합병증 중 하나입니다. 님께선 지금 우울증을 경험하고 계시지만 또한 많은 환우들께서 우울증의 단계는 기본이고, 다른 정신신체장애(위장병, 근육통, 만성피로, 안과 및 치과 질환 등등)를 경험하시면서 공황과 투쟁 중에 계십니다.

공황장애가 암, 당뇨, 본태성 고혈압과 같이 완치가 불가능한 엄청난 병이 아니라 님의 노력과 마음가짐 여부에 따라 크게 호전될 수 있는 병이라는 사실, 그 점에 감사하는 마음을 가지십시오. 그리고 님을 불안하게 만드는 여러 가지 감정 상태나 신체적 증상으로 혼자 고민하지 마시고, 자조 모임 사이트에 자주 오셔서 많이많이 털어놓으세요. 공황을 빨리 이겨내시는 데 필요한 용기, 지식, 투지, 조언과 같은 많은 것들을 가장 손쉽게 얻으실 수 있는 또 하나의 방법이 될 것입니다.

제 답신 읽으시면서 제가 완치된 사람처럼 느껴지시나요? 천만에요. 전 얼마 전까지도 '공황의 하이라이트'를 계속 경험했습니다. 몸무게도 엄청 빠져서 지금 얼굴이 반쪽이고요. 몇 개월 전에 본 사람이 최근의 제 모습을 보고는, 제대로 알아보지 못하는 사람이 부지기수랍니다. 오죽 살이 빠졌으면 병원에서 '암 검사해 보자.'고 하겠습니까? 검사 결과가 나올 때 조마조마했습니다. 그래도 힘을 낼 겁니다. 그러니 님도 힘을 내세요. 지금이 가장 힘들 때이겠지만 그 고비 잘 넘기시면 점차 자신감이 조금씩 회복되실 겁니다. 체력도 마찬가지고요.

사소한 신체적 증상에 대처하는 법

요즘에도 가끔 공황 환우들의 전화를 받습니다. 전화를 받으면서 안타까운 것은 어떤 분은 약을 끊고 괜찮아졌다고 좋아하다가도 몇 개월 뒤에 조금이라도 이상한 증상이 오거나 심지어 자면서 비몽사몽간에 기분이 이상한 느낌이 들었거나 하면 굉장히 긴장하고 불안해한다는 겁니다.

본인말로도 공황과는 비교도 안 되게 약하게 왔는데 혹시 이러다가 공황이 다시 오는 것이 아니냐는 걱정과 불안으로 며칠씩 또 잠을 못 자고 몸은 긴장으로 신체적 증상들이 나타나고 하더군요. 저한테 전화로 그런 적이 있느냐며 확인하고 나면 마음이 편해진다고 하고요. 비록 약은 끊고 공황을 극복했다고 하지만 항상 공황에 대해 긴장하고 지내는 것 같은 느낌을 받았습니다.

제 경험으로는 공황에 대해 느긋하라고 말씀드리고 싶습니다. 오면 오나 보다 가면 가나 보다 하면서 조그마한 증상이라도 느껴지면 거기에 신경을 곤두세울 것이 아니라 그냥 무시하는 것이 공황을 완전히 극복하는 지름길이라고 말씀드리고 싶습니다.

토끼와 거북이, 공황 증상만 치료한 줄 알았는데 성격이 변했습니다.

이제 출산한 지 4개월이 되었습니다. 얼마 전에 백일잔치도 했고, 제 몸도 어느 정도 건강을 회복한 것 같습니다. 예전에는 산모라고 하지 말아야 할 것들이 너무 많았는데, 요새는 정말 날아다닐 것 같이 몸이 가볍습니다. 그런데 실상은 하루하루 전쟁입니다. 큰아이 챙기랴 둘째 아이 챙기랴. 저의 둘째 딸 정말 보통이 아닙니다. 절대 누워 있질 않아요. 하루 종일 안고, 업고, 우유 먹이랴, 목욕시키랴, 애 하나만 늘었을 뿐인데 왜 이리 빨랫감은 많아지고 할 일이 태산인지요. 밤에 우유 먹이느라 잠도 모자랍니다. 원래 출산과 관련해서 제가 가장 걱정했던 것은, '아이를 키우면 분명 잠도 제대로 못 자고 피곤할 텐데…' 라는 것이었습니다. 실제로도 엄청 피곤하더군요. 예전에 공황을 겪을 때도 제가 가장 두려워했던 대상이 피곤이었거든요. 공황보다 더 무서웠습니다. 피곤할 때는 숨을 쉬는 것조차 피곤하게 느껴질 정도였으니까요. 심장이 뛰고 있는 상태도 피곤 그 자체였으며, 너무 피곤해서 먹는 것도 씹는 것도 자는 것도 피곤했습니다. 피곤은 꼭 공황과 연결되었습니다. 그러나 지금은 거북이로 바뀌었습니다. 하루 종일 움직이지만 전혀 피곤하지 않습니다. 피곤하긴 하지만, 조금만 쉬면 금방 풀리는 피곤입니다.

요즘 제가 이렇게 건강을 유지하는 것은 전래 동화에 나오는 토끼와 거북이 이야기 중에 제가 거북이의 삶을 선택했기 때문입니다. 전에는 토끼처럼 살았습니다. 일은 빨리 하지만, 쉽게 지치고 쉽게 피곤을 느꼈습니다. 전에는 내가 세워 놓은 계획에 얽매여서 내가 세워 놓은 법에 따라 움직였지만 지금은 매 순간순간 중요하다고 판단되는 것을 먼저 합니다. 그것도 아주 천천히 말입니다. 의식적으로 천천히 모든 일을 합니다. 신기한 것은 조급한 마음으로 빨리빨리 하나 느긋한 마음으로 천천히 하나 시간은 그리 차이가 많이 나지 않는다는 것이지요. 천천히 움직이면 지치지도 않고 피곤하지도 않습니다.

조급한 마음 그 자체가 사람을 굉장히 피곤하게 하지 않았나 하는 생각이 듭니다. 내 몸의 에너지 소비량도 엄청났고요. 저는 2년 동안 신앙생활과 운동, 식이요법, 생각 바꾸기를 꾸준히 해 오면서 완치가 된 것 같습니다. 혹시 공황의 완치를 토끼처럼 단시간 내에 이루려 하지는 않으십니까? 그런 식으로 빨리 효과를 얻고자 하는 것은 오히려 역효과를 내는 것과 같습니다. 거북이처럼 꾸준히, 조급하지 않게 하시는 것이 중요하다고 생각합니다.

부록

공황장애 환자를 위한 치료 지침서[1]

Practice Guideline for the Treatments of
Patients with Panic Disorder

미국정신의학회
(American Psychiatric Association)

메타 인지행동치료 연구소
정신과 전문의, 의학박사 최영희 역

[1] 본 치료 지침서는 전체 지침서의 일부이며, 전체 치료 지침서는 국내에도 번역되어 출간되어
있으니 참조하십시오.

A. 부호화 체계

각각의 추천은 괄호 안의 로마 문자에 의해 구별되는 세 가지 범주 중의 하나에 해당된다. 세 가지 범주는 추천과 관련된 임상적인 증거의 수준을 나타낸다.

[I] 상당한 임상적 증거로 추천됨
[II] 보통 수준의 임상적 증거로 추천됨
[III] 개인적인 상황에 따라 추천될 수 있음

B. 일반적 고려사항

광장공포증이 있는 공황장애 또는 광장공포증이 없는 공황장애는 만성적인 경과를 가지며 유의한 질병률(morbidity)과 관련되는 흔한 정신질환이다. 공황장애 환자들을 돌보는 것은 공황 에피소드의 빈도와 심각도를 줄이고 질병률을 감소시키며 환자의 기능을 향상시키도록 고안된 포괄적인 접근법을 수반한다[I]. 공황장애 치료에서 그 효과가 상당하다고 입증된 것에는 정신치료(특별히 인지행동치료)와 약물치료가 있다[I]. 정신분석과 같은 다른 정신치료들은 어떤 환자들에게는 효과적이라는 임상적인 동의하에 약물과 함께 또는 인지행동치료의 한 요소로써 널리 사용되고 있다[II]. 여러 다양한 치료들 중에서 어떤 특정한 치료를 선택할 때 고려해야 할 사항들이 제시되어 있다.

1. 치료 장면의 선택

대부분의 공황장애 환자들에 대한 치료는 외래에서 시행되며 입원이 요구되는 경우는 거의 없다[I]. 입원치료가 요구되는 환자들의 예는 우울증을 공존병리로 가지고 있으면서 자살 시도의 위험이 있는 환자나 약물 사용 장애를 공존병리로 가지고 있어 해독이 요구되는 환자들이다.

때로 환자와 정신과 의사 간의 첫 번째 대면은 응급실이나 환자가 급성 공황 삽화로 입원하게 되는 병원에서 이루어진다. 정신과 의사는 일반적인 의학적 상태가 배제된 이후 이러한 장면에서 공황장애의 진단을 내리고 치료를 시작할 수도 있다.

2. 치료 계획 수립

일반적인 의학적, 정신과적 평가가 치료 전에 포괄적으로 이루어져야 하는데, 이는 특히 증상이 새롭게 발병하는 환자들에게 잠재적인 일반적 의학적 상태 또는 약물에 의한 상태가 공황 증상을 야기할 수 있는지, 치료를 복잡하게 할 수 있는지 또는 구체적인 개입이 요구되는지 등을 결정하기 위해서다[I].

더불어 발달적인 요소들, 심리사회적 스트레스원들이나 갈등, 사회적 지지, 전반적인 생활 여건들에 대한 평가가 치료를 도울 것이다[I]. 환자의 상태나 치료에 대한 정신과 의사의 평가는 실험 및 임상 연구의 선택에 지침이 되어야만 한다[I].

3. 정신의학적 관리

정신의학적 관리는 공황장애 환자의 정신의학적 치료의 기초를 형성하며, 약물이나 정신치료와 같은 구체적인 치료와 함께 모든 환자들에게 실시되어야 한다. 다음은 공황장애 환자들을 위한 정신의학적 관리의 중요한 요소들이다[I]. 치료적 동맹을 수립하고 유지하는 것; 공황장애에 대해서 환자를 교육하고 확신시키는 것; 특정한 증상들을 평가하고 오랜 시간 동안 그러한 증상들을 감찰하는 것; 기능적 손상의 종류와 심각성을 평가하는 것; 공존병리를 확인하고 알려 주는 것; 다른 건강 전문가들과 함께 일하는 것; 가족 구성원을 교육하고 필요할 때에는 그들의 도움을 얻는 것; 치료에 대한 순응성을 증진시키는 것; 환자와 함께 재발의 초기 신호에 대해서 다루는 것이다. 공황장애 환자들에게는 신뢰하는 치료적 관계가 필요한데 이는 그들이 재발하거나 부분적인 증상을 가지고 있어서 오랜 기간 지속되는 치료로부터 도움을 받기 때문이며, 또한 그들은 자신들이 포기되는 것에 대한 강한 두려움을 가지고 있기 때문이다. 이러한 이유들로 환자에게 자신의 주치의가 지속적으로 도움을 줄 수 있다는 확신을 심어 주는 것이 유용하다.

4. 정신의학적 관리와 함께 사용될 치료 방법 선택

정신치료, 특히 공황에 초점을 둔 인지행동치료(CBT)와 약물은 모두 공황장애 치료에 효과적인 것으로 나타났다[I]. 어떠한 단일 치료 방법이 모든 환자들 또는 특정한 환자 집단에 월등하다고 볼 수 있는 증거는 없다. 정신치료와 약물치료 사이에서의 선택은 각 치료 방법의 효과, 이득, 위험에 대한 개인적인 평가와 환자 자신의 선호도(비용 포함)에 달려 있다[I]. 모든 경우에서, 환자는 정신과 의사로부터 인지행동치료, 항공황 약물, 다른 형태의 치료에 관한 상대적인 장점과 단점 등에 관해서 충분히 알 수 있어야 한다.

a. 인지행동치료와 다른 정신치료

인지행동치료는 넓은 범위의 치료를 포함하며 각각의 치료는 다음과 같은 몇 가지 요소로 구성된다. 심리교육, 지속적인 공황 감찰, 불안 관리 기술의 개발, 인지적 재구조화, 직접 노출 등이다. 실제로 인지행동치료에 포함되는 치료의 종류는 매우 다양하다. 그러나 환자들에게 어떠한 요소가 더 효과적인지에 대해서는 알려진 바가 없다. 공황장애 치료에서 인지행동치료의 효과는 질 높은 자료에 따라 지지되고 있다. 다른 정신치료들도 정신의학적 관리와 함께 실시될 수 있겠으나[III], 6~8주 내에 유의미한 향상이 나타나지 않는다면 인지행동치료나 항공황 약물과 함께 다른 종류의 정신치료를 심각하게 고려해야만 한다.

b. 약물치료

효과적인 것으로 입증된 네 가지 종류의 약물이 있다. 선택적 세로 토닌 재흡수 억제제(selective serotonin reuptake inhibitors: SSRIs), 삼환계 항우울제(tricyclic antidepressants: TCAs), 벤조다이아제핀, MAO 억제제 (monoamine oxidase inhibitors: MAOIs) [I]의 네 가지다. 네 가지 종류의 모든 약물이 비교적 유사한 효과를 지닌 것으로 판명되었다[II]. 어떤 종류의 약물을 선택하는가 하는 것은 약물의 부작용과 환자의 개인적인 선호도(비용 포함)에 대한 의사의 이해와 여러 다른 임상적 상황을 모두 고려함으로써 이루어진다. 많은 환자에게 SSRIs가 효과와 부작용 간의 균형이 가장 알맞다. 비록 SSRIs가 성적(sexual) 부작용의 위험이 있긴 하지만 심혈관계 부작용과 항콜린성 부작용, 그리고 TCAs와 MAOIs를 과다 복용했을 때 나타나는 독성 작용은 없는 편이다. 또한 SSRIs는 벤조다이아제핀과는 달리 생리학적 의존의 가능성이 없다. TCAs는 SSRIs 만큼은 아니지만 대부분의 환자에게 사용되고 있다. TCA는 나이가 많은 환자나 일반적인 의학적 문제가 있는 환자들의 경우에 특히 심혈관계 부작용과 항콜린성 부작용의 위험이 반드시 고려되어야 한다. 증상의 신속한 조절이 중요한 경우(예를 들어, 환자가 학교를 그만두려고 하거나, 직장을 잃을 위험이 있거나, 입원이 요구될 때)에는 벤조다이아제핀이 사용될 수 있다. 그러나 장기적으로 벤조다이아제핀을 사용할 때 나타나는 생리학적 의존과 같은 위험이 반드시 고려되어야 한다. 벤조다이아제핀은 물질사용 장애의 과거력이 있는 환자들에게는 일반적으로 사용되지 않는다. MAOIs는 효과적이긴 하지만 고혈압의 위험과 음식 섭취의 제한이 뒤따르기 때문에 어떠한 다른 치료에도 반응하지 않는 환자들에게

만 사용되는 것이 보통이다. SSRIs는 아직 특허 기간들이 유효하기 때문에 TCAs나 벤조다이아제핀보다 가격이 비싼 편이다.

5. 다른 치료적 고려

a. 약물과 정신치료 병행

항공황 약물과 인지행동치료를 병행한 효과와 각각의 치료 효과를 비교한 연구 결과는 여러 가지 다른 결론을 내리고 있다. 현재로서는 어떤 환자들이 약물-인지행동치료의 병행치료로부터 더 많은 이득을 얻는지 확인하기 힘들다. 항공황 약물과 인지행동치료의 병행은 심한 광장공포증을 가진 환자나 치료에 완전히 반응하지 않는 환자들에게 특별히 유용할 수 있다[III].

b. 치료 기간의 결정

인지행동치료든 항공황 약물이든 치료는 대략 12주 동안 지속된다 [II]. 이 기간 이후에는 많은 임상가들이 인지행동치료의 횟수를 줄이고, 환자가 안정적이라고 판단되면 치료를 서서히 중단한다. 재발하는 환자들에게 2차 인지행동치료가 효과적인지 또는 추가 인지행동치료 시간이 재발을 예방할 수 있는지에 대해서는 알려져 있지 않다.

약물을 사용한 환자가 유의미한 호전을 경험했다면 12~18개월간의 지속적인 치료 이후에 치료 중단이 시도될 수 있다[III]. 많은 환자에서 약물이 중단되었을 때 부분적으로나 완전한 재발을 경험하기 때문에 치료를 연장하여서 도움을 받을 수 있다[III]. 약물 중단 이후에도 재발이 되지 않는 환자의 비율에 대한 자료는 다양하지만, 대략 그 비율은 30~45% 정도다. 재발하는 환자들에게는 보통 약물이 다시 주어지거나 인지행동치료가 제공된다. 이후에도 공황이 없는 환자들은 공황이 다시 시작되는 것 같은 초기 신호가 나타날 때 그들의 주치의를 다시 만나 보도록 해야 한다.

특정한 치료를 실시했는데도 6~8주 내에 아무런 호전을 보이지 않는 환자들은 진단이나 다른 치료의 필요성 또는 여러 치료를 병행하는 접근과 관련하여 재평가해야 한다[III]. 약물이나 인지행동치료에 예상대로 반응하지 않는 환자나 재발이 반복되는 환자에게는 정신분석이나 다른 정신치료적 개입을 추가하는 것에 대한 가능성을 평가해야 한다.

c. 다른 치료적 방법과 병행하여 초기의 증상 조절을 위해 벤조다이아제핀 사용

환자가 인지행동치료나 약물치료로부터 눈에 띄는 이득을 경험하기까지는 몇 주간의 기간이 필요할 수 있다. 심각한 공황을 경험하는 환자나 예기 불안 수준이 높은 환자들에게는 벤조다이아제핀을 함께 사용하는 것이 유용할 수 있다[III]. 이러한 방법으로 벤조다이아제핀을 사용할 때는 그 복용량과 복용 기간을 최소화하는 것이 바람직한데, 그 이유는 생리학적 의존과 같은 잠재적인 위험이 존재하기 때문이다.

d. 치료에 영향을 미치는 공존병리와 다른 임상적 특징

공황장애 환자의 공존 정신병리 또는 공황장애와 함께 존재하는 일반적인 의학적 질환 그리고 특정한 인구통계학적 또는 심리사회적 특징은 치료에 중요한 영향을 미칠 수 있다. 반드시 고려해야 하는 공존병리적 요소에는 자살 사고, 약물 사용, 기분장애, 다른 불안장애, 성격장애, 개인적 · 사회적 · 직업적 영역에서의 주요한 역기능 등이 포함된다. 여러 심리사회적 치료(정신분석적 정신치료 포함)가 공황장애 환자의 공존 병리나 그의 환경적 또는 심리사회적 스트레스원을 다루는 데 유용할 수 있으며, 이러한 치료는 흔히 인지행동치료나 항공황 약물과 함께 사용된다. 공황장애와 함께 나타나며 공황장애와 쉽게 혼동될 수 있는 중요한 일반적 의학 상태에는 심혈관계 질환, 폐질환, 신경학적 질환, 내분비적 질환, 소화기계 질환 등이 포함된다. 공황장애를 가진 소아나 노인 환자에게는 특별한 치료적 고려가 필요하다.

저자 소개

최영희(Choi Young Hee)

고려대학교 의과대학 의학과 졸업

정신과 전문의, 의학박사

전   미국 UCLA 산하 Research Center for Severe Mental Illness의 Clinical and
     Research Fellowship

     계요병원 진료부장

     인제대학교 서울백병원 신경정신과 책임교수

     한국인지행동치료학회 회장

현   ACT(Academy of Cognitive Therapy)의 Fellow

     ISST(International Society of Schema Therapy) certified Schema Therapist

     메타 통합심리치유 연구소장

홈페이지 www.mettaa.com

공황장애 극복 설명서
– 나의 삶을 바꾼 공황과 공포 –

Manual for Overcoming Panic disorder:
panic and phobia that changed my life

2019년 1월 25일 1판 1쇄 발행
2023년 1월 20일 1판 4쇄 발행

지은이 • 최 영 희

펴낸이 • 김 진 환

펴낸곳 • (주) **학지사**

04031 서울특별시 마포구 양화로 15길 20 마인드월드빌딩 5층

대표전화 • 02) 330-5114   팩스 • 02) 324-2345

등록번호 • 제313-2006-000265호

홈페이지 • http://www.hakjisa.co.kr
페이스북 • https://www.facebook.com/hakjisabook

ISBN 978-89-997-1737-6 03180

정가 **14,000원**

출판미디어기업 **학지사**

간호보건의학출판 **학지사메디컬** www.hakjisamd.co.kr
심리검사연구소 **인싸이트** www.inpsyt.co.kr
학술논문서비스 **뉴논문** www.newnonmun.com
원격교육연수원 **카운피아** www.counpia.com